Thomas Hofer (Hg.) • Dagegen sein ist nicht genug

Thomas Hofer (Hg.)

Dagegen sein
ist nicht genug

Mit Beiträgen von
Josef Barth • Irmgard Griss • Thomas Hofer • Rudolf
Hundstorfer • Sebastian Kurz • Reinhold Mitterlehner •
Josef Moser • Erwin Pröll • Susanne Riess • Marie Ringler •
Anneliese Rohrer • Hermann Schützenhöfer • Alois Stöger •
Matthias Strolz • Franz Vranitzky • Stefan Wallner

Inhalt

Vorwort 7
THOMAS HOFER

Teil 1: Wo wir stehen 9

Von Wutbürgern und Angstpolitikern 11
THOMAS HOFER

Wut vernebelt – Bürgernähe wirkt 29
REINHOLD MITTERLEHNER

Plädoyer für den Kompromiss 41
RUDOLF HUNDSTORFER

Die Sache mit der Angst 51
MARIE RINGLER

Still statt schrill 59
ALOIS STÖGER

Plädoyer für einen neuen Kaffeehaus-Journalismus! 67
ANNELIESE ROHRER

Teil 2: Wen wir brauchen 81

Politik muss persönlicher werden 83
ERWIN PRÖLL

Restplatzbörse Politik 93
SUSANNE RIESS

Wie baue ich eine Partei? 99
MATTHIAS STROLZ

**Keine Angst vor Emotionen –
Politik der Hoffnung gegen das Spiel mit der Angst** 117
STEFAN WALLNER

Teil 3: Was wir ändern 137

Wir brauchen mehr Europa 139
FRANZ VRANITZKY

Zehn Initiativen, um wieder nach vorne zu kommen 151
SEBASTIAN KURZ

Was ist politische Verantwortung? 165
IRMGARD GRISS

Reformmaßnahmen: Reden reicht nicht – Handeln! 175
JOSEF MOSER

Österreich ist reformierbar 189
HERMANN SCHÜTZENHÖFER

Bürgerbeteiligung: Es ginge. Man müsste nur wollen. 203
JOSEF BARTH

Die Autoren 217

Für Marie

Vorwort

THOMAS HOFER

Die Idee zu diesem Buch entstand während der ersten Blüte der heimischen Wutbürger-Bewegung im Jahr 2011. Spätestens seit damals drehen sich Gespräche über die österreichische Innenpolitik immer auch um diese Fragen: Wie desaströs ist ihr Zustand? Und: Geht es eigentlich noch tiefer? Nach kurzer, resignierter Debatte, spätestens aber nach dem nächsten innenpolitischen Tiefpunkt, sind sich die Gesprächsteilnehmer meist einig: Ja, es geht.

Bei allem Verständnis für die heimische Lust am Untergang, lösungsorientiert ist dieser Zugang nicht. Stünde Österreich an der Spitze internationaler Vergleichsrankings, man könnte das Phänomen als die übliche Miesmacherei belächeln. Doch der Zustand der Demokratie ist tatsächlich viel zu besorgniserregend, um sich zu Beginn des 21. Jahrhunderts einer verspäteten Fin-de-Siècle-Stimmung zu ergeben.

Deshalb gibt es dieses Buch. Es ist der Versuch, dem richtungslos dahinagitierenden Wutbürgertum etwas entgegenzusetzen, ohne dabei dessen Beweggründe zu verharmlosen.

Mit den meisten der hier versammelten Autorinnen und Autoren verbinden mich intensive Diskussionen über die Demokratiekrise und die vermuteten Gründe dafür. Die Analysen gingen dabei durchaus auseinander, was nicht zuletzt an der Unterschiedlichkeit der Beiträge abzulesen ist. Jeder Artikel allerdings ist getragen vom Bemühen, Änderungsbedarf konkret festzumachen. Mit harten Worten über aktuelle Verhältnisse wird nicht gespart, auch nicht von den zahlreichen aktiven politischen Akteuren. Diese Manöverkritik ist wohl auch nötig, um den Blick wieder in die richtige Richtung, nämlich nach vorn, zu lenken.

Das war auch die einzige inhaltliche „Vorgabe" an die Autorinnen und Autoren: Sie sollten neben der Analyse auch Ideen liefern, wie man der aktuellen Stimmungslage erfolgreich begegnen könnte. Die zweite Bitte war, von allzu parteipolitisch gefärbten Positionen Abstand zu nehmen und das Allgemeingültige in den Vordergrund zu rücken. Die in diesem Buch angesprochenen Sorgen und Phänomene – von der Schwierigkeit der Rekrutierung politischen Personals über die mangelnde Akzeptanz von Reformen bis hin zur Frage der wachsenden Kluft zwischen Regierenden und Regierten – betreffen ja auch alle politischen Lager.

Insgesamt sollte so ein Bild entstehen, das über Parteigrenzen und persönliche Präferenzen hinweg Gültigkeit entwickelt. Ob das gelungen ist, kann und soll man als Herausgeber nicht beurteilen. Schon die politisch bunte Mischung der versammelten Autorinnen und Autoren aber ist wohl nicht alltäglich.

Ihnen, den Autorinnen und Autoren, gilt auch mein Dank für die Bereitschaft, sich auf dieses Projekt überhaupt einzulassen. Dem Verlag danke für das Wagnis, Politisches noch zu verlegen, Gernot Bauer und Silke Hofer-Rudorfer für die kritischen Anmerkungen zum Manuskript und meiner Familie für ihre Geduld während der Entstehung des Buches.

Der Herausgeber, im Juni 2015

Teil 1:
Wo wir stehen

Von Wutbürgern und Angstpolitikern

Thomas Hofer

Wer das Tagesgeschehen aufmerksam verfolgt, muss zur Auffassung gelangen, dass das politische System in Österreich aus den Fugen geraten ist. Die Politiker-Umfragen spucken vom Kanzler abwärts für viele Spitzenvertreter der Branche Imagewerte aus, die ihren Vor-Vorgängern nicht einmal in deren schlimmsten Albträumen erschienen wären. Auch tiefergehende empirische Befunde sprechen eine deutliche Sprache: Die Europäische Wertestudie wies schon bald nach Ausbruch der Finanzkrise, die auch eine politische Krise auslöste, für die Institutionen der Republik einen dramatischen Vertrauensverfall nach. Die Zufriedenheit mit der Beschaffenheit der heimischen Demokratie brach binnen Zehnjahresfrist von knapp 75 Prozent auf nur mehr 50 Prozent ein. Kurz gefasst: Der Zustand der österreichischen Demokratie ist besorgniserregend.

Während der Glaube an die demokratischen Institutionen deutlich nachgelassen hat und der Respekt gegenüber dem politischen Personal auf breiter Basis verloren scheint, sind die konkreten Reaktionen des Wahlvolks unterschiedlich. Die einen wenden sich genervt und enttäuscht von der Politik ab, die anderen lassen ihrem Furor freien Lauf. Bei alldem handelt es sich nicht um Verhaltensmuster sozialer Randschichten oder sogenannter Modernisierungsverlierer. Auch die Mittelschicht wurde von der neuen Empörungswelle längst erfasst. Sie ist betroffen, fühlt sich im Stich gelassen und wird von Abstiegsängsten gebeutelt. Und für all das wird die Politik verantwortlich gemacht.

Zur Beschreibung dieses Zustands reicht die abgegriffene Vokabel Politikverdrossenheit nicht aus. Es ist Verbitterung, nein Verachtung, die der „Politikerkaste" da zunehmend entgegenschlägt. Die gefühlte Kluft zwischen Regierenden und Regierten wächst und lässt sich so schnell wohl nicht überbrücken. Diese Entwicklung ist kein österreichisches Phänomen allein. „Spiegel"-Autor Dirk Kurbjuweit beschrieb anlässlich der 2010 in Deutschland tobenden Debatten zum Bahnhofsprojekt Stuttgart 21 und der Auseinandersetzung um die Zuwanderungsthesen Thilo Sarrazins, die später in Bewegungen wie Pegida mündeten, eine „neue Gestalt", die „sich in Deutschland wichtig" mache: den Wutbürger („Spiegel" 41/2010). Das Bürgertum, so Kurbjuweit, habe die Contenance verloren, agitiere ungehemmt drauflos und verhindere gesellschaftlichen Wandel, verursache Stillstand. Es handle sich schlicht um Hysterie, die sich da zu Beginn des 21. Jahrhunderts in der Mittelschicht breit mache.

Wut als Konstante

Die wutbürgerliche Aufwallung war wenig später auch in Österreich zu beobachten. Dabei ging es um kein Bauprojekt. Die deutsche Erregung über Stuttgart 21 hatte man hierzulande schon bei der Abstimmung über das AKW Zwentendorf und beim umstrittenen Bau des Wiener Konferenzzentrums vorweggenommen. Und schockierende Thesen zum Thema Ausländer unterliegen in Österreich spätestens seit Jörg Haiders kometenhaftem Aufstieg Mitte der Achtzigerjahre dem Gewöhnungseffekt. In Österreich suchte sich das neue Sentiment ein anderes Ventil. Der Kabarettist Roland Düringer, vom testosterongetriebenen Benzinbruder zum esoterisch angehauchten Waldschrat mutiert, funktionierte die Satiresendung „Dorfers Donnerstalk" im Dezember 2011 kurzerhand zur Abrechnung mit dem System um und präsentierte sich als Sprachrohr der geschundenen Massen. Düringer: „Wir sind jene Systemtrotteln, die es schön langsam satt haben, im Hamsterrad zu laufen und all jenen, die vom System fest profitieren, den Deppen zu machen. Wir sind wütend." Was folgte, war eine Abrechnung mit den „Polit-Marionetten", die der Gemeinschaft nicht mehr dienten, sondern nur noch Banken und Konzernen. Dann äußerte Düringer, ganz im Stil der deutschen „Lügenpresse"-Debatte, Vorbehalte gegenüber den Medien. Pressefreiheit und unabhängige Medien gebe es in Österreich nicht, so die These, stattdessen werde man mit „geistigem Müll oder mit Falschinformationen zugeschissen".

Wie so vieles in Österreich geriet auch die Diskussion über Düringers Furioso zur Operette. Vielen war nicht klar, ob der Auftritt des Kabarettisten nun ernst gemeint war oder ob er sich über den kollektiven Wutstau bloß lustig gemacht hatte. Einige Interviews später wurde deutlich: Während Deutschland das Phänomen des Wutbürgers noch analysierte, hatte Österreich in Roland Düringer seinen ersten Wutbürgermeister gefunden.

Rasch erweitert sich seither sein Hofstaat: Der Musiker Andreas Gabalier mobilisiert seine Fan-Schar gegen die gegenderte Bundeshymne; die dagegen protestierende Frauenministerin wird daraufhin Opfer einer Welle von Cyber-Hassattacken. 2013 tritt Frank Stronach bei der Nationalratswahl an und setzt einen zweistelligen Millionenbetrag gegen das politische System; der schräge Wutmilliardär scheitert mit seinem Unterfangen ausschließlich an sich selbst. In diversen TV-Live-Diskussionen mit Bürgerbeteiligung äußern sich grantelnde Vertreter der Wutbürgerbewegung; bei einer dieser Gelegenheiten bekommt es im Herbst 2014 der neue ÖVP-Chef Reinhold Mitterlehner mit einer aufgebrachten Wirtin zu tun. Die Dame wird über Nacht zur vom Boulevard gehypten „Wut-Oma".

Das Wutbürgertum mag teils skurrile Blüten treiben. Zu unterschätzen ist das Grundgefühl breiter Bevölkerungsschichten nicht. „Das Volk versteht das meiste falsch, aber fühlt das meiste richtig", sagte einst Kurt Tucholsky. Und gefühlt liegt eben vieles im Argen. Diese grundpessimistische Einstellung findet man auch in den sogenannten informierten Kreisen von Politikern, Journalisten, Beratern und Funktionären aller Art in der Bundeshauptstadt. Egal, welche politische Entscheidung gefällt wird: Sie ist jedenfalls falsch und neuer Tiefpunkt einer unfassbaren Nivellierung nach unten. Ex-Kanzler Alfred Gusenbauer würde diesen Zugang wohl das „übliche Gesudere" nennen. Doch die Gründe für die allgemeine Missstimmung sind komplexer.

Nicht alles ist dabei der aktuellen Politikergeneration anzulasten. Wären die gefeierten politischen Persönlichkeiten der 50er- bis 70er-Jahre der permanenten medialen Überbelichtung des 21. Jahrhunderts ausgesetzt gewesen, würde sich manches heute anders darstellen. Auch mediale Sichtbarkeit kann Verachtung schaffen. Das verwundert nicht, wenn jedes Detail, jede leicht missratene Reaktion und jede halbprivate Äußerung wie unter dem Brennglas seziert werden. Die mediale Kanalvielfalt und da vor allem der kommunikative Game-Changer schlechthin, die sozialen Netzwerke mit ihrer Dialogorientierung – oder besser: ihrer Monologorientierung für jedermann –, haben politische Abläufe jedenfalls stärker verändert als jeder noch so spektakuläre Wahlausgang.

Der Politik wird ihr eigenes Geschäft zu schnell. Unter dem Eindruck zunehmender Mobilität und Globalität können politische Entscheidungsprozesse tempomäßig nicht mehr mithalten. Gerade Demokratien, von komplexen Gebilden wie der Europäischen Union ganz zu schweigen, werden bloß noch als schwerfällig und überfordert wahrgenommen. In einer „Welt ohne Halt" (Ralf Dahrendorf) ist das eine fatale Entwicklung. Während Menschen vermehrt und fast verzweifelt nach Orientierung suchen, wirken die politischen Repräsentanten selbst überfordert. Sie sind so ohnmächtig wie ihre vermeintlich Schutzbefohlenen.

Politik braucht Entschleunigung und langsamere, dafür sachlich besser untermauerte Entscheidungen, meint der lange Jahre führende SPD-Politiker Franz Müntefering („Cicero" 8/2012). Damit hat er wohl recht. Dennoch wirkt sein Satz angesichts der permanenten Beschleunigung, die in der Öffentlichkeit von Entscheidern erwartet wird, seltsam aus der Zeit gerissen. Der Zug zur effektheischenden Placebo-Politik scheint unaufhaltsam.

Dabei ist es nicht nur der bloße Erwartungsdruck, irgendeine Lösung zu präsentieren, die ein bestehendes Problem beseitigt. Auf die heutige Politikergeneration wirkt auch eine wachsende Zahl gut artikulierter Partikularinteressen. Die drängen auf maßgeschneiderte Lösungen. Werden diese nicht geliefert, gibt es Ärger. Dann sind Politiker Kampagnen ausgesetzt, die für sie durchaus ungemütlich werden können. Das gilt im Übrigen immer öfter auch für innerparteiliche Auseinandersetzungen.

Der Trend wird in sogenannten „großen" Koalitionen österreichischer Prägung des 21. Jahrhunderts noch verstärkt. Zwischen SPÖ und ÖVP hat man sich unabgesprochen darauf verständigt, dem jeweils anderen in der Koalition keinen Platz zu lassen. Besonders bezeichnend für Österreich ist die Abwesenheit jeglicher gemeinsamer Regierungskommunikation seit der ersten Neuauflage der rot-schwarzen Zusammenarbeit im Jahr 2007. In Koalitionsverhandlungen geht man seither mit öffentlich breit kommunizierten Maximalforderungen. Diese werden dann vom Gegenüber samt und sonders herausverhandelt, um den parteieigenen Anspruchsgruppen zeigen zu können, was man verhindert hat. Dem Partner passiert umgekehrt dasselbe. Was am Ende herauskommt, ist ein Minimalkonsens, der erst recht niemanden zufriedenstellt und inhaltlich nicht geeignet ist, als großer Wurf durchzugehen.

Eine ansatzweise Verbesserung der Situation schien man bei der Steuerreform 2015 erreicht zu haben. Echte Reformen unterblieben dabei zwar erneut. Immerhin aber beschloss man eine Entlastung von mehreren Milliarden Euro. Die Chance auf eine gemeinsame, offensive Verbreitung der Botschaft ließ die Koalition aber wieder aus. Strategische Regierungskommunikation bleibt hierzulande so ein Fremdwort.

Ein Gefühl siegt

All diese Entwicklungen wären schon schlimm genug, schränken sie doch den Handlungsspielraum der Politik zunehmend ein. Dazu kommt aber eine völlig falsche Reaktion des politischen Führungspersonals. Statt sich den beschriebenen Trends der Mediatisierung, Mobilität und Fragmentierung zu stellen und sich den eigenen Gestaltungsspielraum zurückzuerobern, ergeben sich Politikerinnen und Politiker ihrem Schicksal. Mehr noch: Sie beschleunigen ihre eigene Entmachtung.

Die Reaktion des politischen Establishments auf den medialen Dauerdruck und den strukturellen Wandel der Öffentlichkeit, die Reaktion auf Finanz- und Wirtschaftskrisen können in einem Wort zusammengefasst werden: Angst.

Die Politik ergibt sich diesem Gemütszustand. Sie hat Angst vor dem Bedeutungsverlust; Angst vor der Abwahl; Angst vor der Überforderung; Angst, diese könnte von jemandem bemerkt werden; Angst vor dem medialen Pranger; Angst vor dem Shitstorm; Angst vor der falschen Entscheidung; Angst vor einer Entscheidung; Angst vor den anderen Parteien; Angst vor der eigenen Partei; Angst vor dem kommenden Ranking; Angst vor der Schlagzeile von morgen.

Die Angst ist zur dominierenden Emotion in der Politik geworden. In Wahlkämpfen war das immer schon so. Kampag-

nenmanager wissen, dass sie bei der Ausrichtung eines Wahlkampfs de facto nur zwischen zwei Grundgefühlen wählen
können, auf die sie ihre Botschaft dann stützen: der Hoffnung
oder eben der Angst. Nachdem sehr wenige Politiker imstande
sind, echte Hoffnung zu wecken, wird in den meisten Fällen
die zweite Option gewählt und Angst vor einem Zustand, einer
bestimmten Entwicklung oder dem Konkurrenten geschürt.
Adressat ist dabei aber immer das Publikum. Kein professionel-
ler Politiker würde auf den eigenen Wahlkampf-Spin hereinfal-
len. Mittlerweile aber hat der Siegeszug der Angst nicht mehr
nur die Wahlkämpfe im Griff, sondern auch das politische Personal selbst.

In den vergangenen Jahren wurde auf der Suche nach Erklärungen für das Phänomen Wutbürger oft die Frage gestellt,
wer denn nun Schuld an dessen Existenz trage. Ob es auf eine
Radikalisierung der Mitte zurückzuführen sei, den beginnenden
Wohlstandsverlust oder die Ermüdung durch den mühsam er-
scheinenden demokratischen Prozess. Das mögen Erklärungs-
ansätze sein. Sie stellen aber allein auf das Publikum ab und
lassen einen Hauptakteur außer Acht: Den Nährboden für den
Wutbürger hat keiner so erfolgreich aufbereitet wie der Angstpolitiker. Der Angstpolitiker ist der Schöpfer des Wutbürgers.
Er hat ihn großgezogen, hält ihn geborgen in seiner Gefühlswelt und bewahrt ihn vor positiven Einflüssen.

Phänomenologie des Angstpolitikers

Die vergangenen Jahre strotzten nicht nur in Österreich vor
Krisen und anderen heiklen Anlässen, die nach politischen
Erklärungen, Interpretationen und Richtungsentscheidungen
verlangten. Die Finanz- und Wirtschaftskrise beginnend mit
dem Jahr 2008; die Turbulenzen des Euro; der Absturz einiger

EU-Mitgliedsländer wie Griechenland; das Erstarken separatistischer und extremistischer Bewegungen in Europa; die Eskalation in der Ukraine; der Skandal um die Hypo Alpe Adria; fortgesetzte innenpolitische Reformdebatten zu zentralen Bereichen wie Pensionen, Gesundheit oder Soziales. Die Liste ließe sich beliebig fortsetzen. Das einzig Beständige im 21. Jahrhundert scheint bisher der Verlust von Sicherheit zu sein. Zur allgemeinen Orientierungslosigkeit kommt aber eine weitere Konstante hinzu – die Kommunikationsverweigerung der Politik.

Jede der erwähnten krisenhaften Entwicklungen stellt die politischen Entscheider vor Probleme. Genauso aber bieten Krisen nach der Ur-Logik von Politik Möglichkeiten, um zu kommunizieren und dem herrschenden Gefühl der Unsicherheit etwas entgegenzusetzen. Wann, wenn nicht in solchen Momenten, kann die Fähigkeit zur Führung unter Beweis gestellt werden? Doch diese Chance bleibt immer öfter ungenutzt. Das Führungspersonal zieht es vor, das Publikum mit der Deutung entscheidender Ereignisse allein zu lassen oder die Interpretationshoheit anderen Akteuren zu überlassen. Der Angstpolitiker kommuniziert lieber nicht, weil er fürchtet, Fehler zu machen und Angriffsflächen für Kritik zu bieten. Er hat ein neues Motto gefunden: Wer nicht kommuniziert, macht keine Fehler.

Dass der Verzicht auf gerichtete Information und Deutungshoheit schon der Kardinalfehler ist, wird übersehen. Am Höhepunkt der Eurokrise des Jahres 2012 war über Wochen kein zuständiges Regierungsmitglied bereit, in der ZIB 2 oder anderen zentralen Orten der politischen Meinungsbildung Rede und Antwort zu stehen. Mancher politische Spitzenvertreter verweigert sich fast schon rituell der offenen Auseinandersetzung mit kritischen Journalistenfragen. Bevor einer möglicherweise bei Armin Wolf untergeht, wagt er sich lieber nicht in die Höhle des Löwen. Dass Politiker in solchen Momenten auch kommunikative Wucht entwickeln, Botschaften absetzen und das Publikum erreichen könnten, wird gar nicht mehr in Betracht gezogen. Wenn sich einer dann doch ins Studio traut, versucht er meist, das Interview zu durchtauchen, heikle Fragen möglichst geschickt zu umgehen und danach fürs einigermaßen unbeschadete Überstehen der kritischen Minuten parteiintern gefeiert zu werden. Für all die Wutbürgerinnen und Wutbürger ist eine solche Kommunikationsleistung freilich zu wenig. Sie merken die Absicht und bleiben verstimmt.

Der politische Imperativ lautet: Deckung!

Dabei hat sich das gewollte politische Versagen von Kommunikation noch nicht zu allen medienpolitischen Akteuren durchgesprochen. Der Eigentümer eines TV-Senders schaffte nach einem persönlichen Ärgernis über eine förderpolitische Entscheidung kurzerhand das politische Talk-Format seines Senders ab. Gedacht war das wohl auch als Bestrafungsaktion für die heimische Politlandschaft, der nach der Logik des Medienfachmanns ja daran gelegen sein musste, Auftrittsmöglichkeiten zu haben. Der Effekt war der gegenteilige. Nicht wenige Politiker freuten sich über den gewonnenen diskussionsfreien Abend.

Das verwundert nicht. Denn der politische Imperativ des Angstpolitikers lautet: Deckung! Während der politischen Schlacht im kommunikativen Schützengraben zu verweilen, erspart die peinliche Frage nach Verlusten. Wagt sich einer nach vorn, riskiert er ein Spiel mit offenem Ausgang. Da kann der Angstpolitiker auf viele Beispiele verweisen. Einschneidende Reformen sind demnach überhaupt zu unterlassen, widersprechen sie doch dem gemeinhin stark ausgeprägten Bedürfnis der Bevölkerung nach Beständigkeit.

Die Beharrungskräfte des Publikums sind auch tatsächlich nicht zu unterschätzen. Gerhard Schröder etwa initiierte in seiner Amtszeit als deutscher Bundeskanzler weitreichende Sozialreformen. Seine Basis dankte ihm das nicht. Nach einer krachenden Niederlage im roten Kernland Nordrhein-Westfalen musste Schröder die rot-grüne Koalition 2005 vorzeitig auflösen. Im darauffolgenden Wahlgang kämpfte sich der letzte SPD-Star zwar noch einmal auf einen Prozentpunkt an die knapp siegreiche CDU-Chefin Angela Merkel heran. Für den Erhalt des Kanzlerpostens reichte es aber nicht.

Bei Merkel hinterließ die gefühlte Niederlage ebenfalls Spuren. Im Wahlkampf hatte sie mit einem offensiven und personell wie inhaltlich detailreich ausgeschilderten Kurs das Dauerfeuer auf sich gezogen. Sie überlebte nur knapp. Seitdem hält sie den Ball flach, streckt den Kopf innenpolitisch kaum noch über die Wahrnehmungsschwelle – und lebt wirtschaftspolitisch von Schröders Reformagenda. So wurde Merkel ungewollt zur Ikone der Angstpolitiker. Auch wenn diese ihre Brillanz der Einebnung von inhaltlichen Differenzen nicht erreichen: Merkels Kurs des Einlullens der Innenpolitik bestimmt das eigene Drehbuch.

Der österreichische Angstpolitiker trachtet danach, in der Defensive stark zu sein und die Null zu halten. Er verteidigt mit Mann und Maus und verzichtet auf einen Stürmer. Das aber ist genau der Unterschied zu Merkel, die sich auf dem außenpolitischen Feld sehr wohl positioniert, dort mit der Wucht Deutschlands punktet und innenpolitisch gerade deshalb unangreifbar bleibt. So werden die aktuellen Imagewerte der kontrollierten Defensivkünstlerin Merkel wohl in Deutschland wie Österreich auf Jahre unerreichbar bleiben.

Hierzulande ist dagegen ein Paradoxon entstanden: Je mehr Politiker danach trachten, mit ihrer Defensivstrategie Wutreaktionen seitens der Bevölkerung zu vermeiden, desto eher ernten sie die Früchte des Zorns.

Gekommen, um zu bleiben

Den Angstpolitiker verunsichern die Reaktionen des Publikums zwar, aber er leitet daraus keine Handlungsaufforderung ab. Lieber verharrt er, um das, was ist, abzusichern. Von Wahl zu Wahl trachten die ehemaligen Großparteien SPÖ und ÖVP danach, ihre traditionellen Kernschichten irgendwie bei der Stange zu halten. Die Strahlkraft nimmt von Wahl zu Wahl spürbar ab, aber solange die Hoffnung lebt, dass es sich das nächste Mal noch ein letztes Mal mit der angestrebten Platzierung ausgehen könnte, unterbleibt eine Neuaufstellung.

Diese Grundausrichtung zeitigt inhaltliche Folgen. Eine tiefgehende Pensionsdebatte ist mit der Sozialdemokratie nicht zu machen. Fürchtet sie doch, ihre letzte treue Wählergruppe zu verstören. Ähnlich ist das in der ÖVP bei Anspruchsgruppen wie Beamten oder Bauern. Selbst etablierte Oppositionsparteien haben sich schon Zielgruppen erarbeitet, deren Wohlwollen man lieber nicht über Gebühr strapaziert.

So scheitert Reformkommunikation oft nicht erst an der Umsetzung von Lösungen, sondern schon am Verbalisieren des Problems. „Alle große politische Aktion besteht im Aussprechen dessen, was ist. Alle politische Kleingeisterei besteht in dem Verschweigen und Bemänteln dessen, was ist", stellte Ferdinand Lassalle schon 1862 fest. Die aktuelle Realitätsverweigerung mündet in stetig schwindendes Zutrauen in die Handlungsfähigkeit des politischen Personals. Politiker machen ständig das, was man in innovativen Unternehmen die Phase des „premortem" nennt. Schon vor Beginn der Umsetzung eines Vorhabens stellen sie sich die Frage, woran es dereinst scheitern könnte. Was allerdings im Wirtschaftsleben zum frühzeitigen Auffinden von Schwachstellen und deren möglichst rascher Beseitigung dienen soll, führt in der Politik zum plötzlichen Ableben des Vorhabens. Jeder Beteiligte kann zahlreiche Gründe vorbringen, warum etwas nicht gelingen wird.

Die logische Konsequenz aus dieser Art des Gruppendenkens ist die Konservierung des Status quo. Das gilt nicht nur auf der inhaltlichen Ebene. Es geht auch darum, die eigene Position nicht zu verlieren. Viele politisch Handelnde sind auch persönlich abhängig von der Politik. Sie haben daher das Eigene und das Jetzt im Sinn, nicht das Allgemeine und Zukünftige. Sie glauben, sie hätten in ihrem politischen Leben schon alles erreicht, nur weil sie ein bestimmtes Amt erlangt haben. Die Frage, wozu sie es nutzen können, ist von sekundärer Bedeutung. Diese Prioritätensetzung rückt jede Zukunftsorientierung aus dem Blick. Was dominiert, ist Kurzfristigkeit, ist die Schlagzeile von morgen. Verschlimmert wird diese Tendenz durch die Fokussierung auf auflagenstarke Blätter und deren Interessen. Der Politikwissenschaftler Fritz Plasser nennt Österreich vor diesem Hintergrund zu Recht eine „Boulevarddemokratie".

Die so erfolgte Konditionierung der Politik hat weitreichende Folgen: Regierende regieren in den Tag hinein. Sie verlieren an Strategiefähigkeit und die Grundkompetenz zur Steuerung der politischen Agenda. Sie werden zu Getriebenen tagesaktueller Stimmungen. Aktives Agenda Setting traut sich der Angstpolitiker nicht zu, in seiner Eigendefinition ist er als erfolgreicher Politiker viel eher Agenda Surfer: Er ist zwar nicht mehr in der Lage, inhaltliche Wellen zu erzeugen, jene, die auf ihn zurollen, will er aber bestmöglich nutzen. Das, was zur Bekämpfung der Gefühlswelt des Wutbürgertums nötig wäre, nämlich gegen bestehende Stimmungen anzukämpfen, ihnen inhaltlich und emotional zu begegnen, findet sich nicht im Repertoire des Angstpolitikers. Er sieht den Shitstorm aufziehen, seine einzige Reaktion besteht aber in der Hoffnung, dass der Sturm vorüberzieht.

Komplexe Themen sind, sobald vom Boulevard definiert und eingeordnet, nicht mehr diskutabel. Als Beispiel kann das umstrittene Handelsabkommen zwischen der EU und den USA, TTIP, gelten. Wer sich in der politischen Landschaft nicht kategorisch gegen das Abkommen stellt, hat verloren. Er wird automatisch zum Befürworter von Chlorhühnern und Hormonfleisch. Hätten frühere Politikergenerationen so gehandelt, Jörg Haiders Warnung vor dem Import von Blutschokolade und Schildlausjoghurt hätte die Debatte über den EU-Beitritt Österreichs jäh beendet.

Der Angstpolitiker will sich Überzeugungsarbeit nicht antun. Er will gefallen. Deshalb liebt er Umfragen. Die für begründete strategische Entscheidungen notwendige empirische Erhebung von Meinungsbildern sieht er aber nicht als Hilfestellung, wie er seine Kommunikationslinie gestalten und nötigenfalls bestehende Einstellungen argumentativ drehen kann. Er sieht Umfrageergebnisse als Handlungsanleitung. Dort, wo die Mehrheit steht, steht auch der Angstpolitiker. Auf groteske Weise hat in dieser Hinsicht die politisch schnell verglühte Piratenpartei Standards gesetzt. Sie hatte sich dem Konzept des „liquid feedback" verschrieben. Ihre gewählten Abgeordneten mussten so abstimmen, wie es ihnen die Mehrheit der Basis diktiert hatte.

Die Politik schafft sich ab

Der Angstpolitiker ist von dieser Pervertierung der repräsentativen Demokratie nicht weit entfernt. Er lässt sich von vorhandenen Stimmungen treiben. Im schlimmsten Fall aber ergibt er sich einer Empörungswelle nicht nur, er versucht sich an ihre Spitze zu stellen. In der Hoffnung auf Applaus macht er das wogende Anliegen zu seinem. In solchen Momenten glaubt er voranzuschreiten. Doch da unterliegt er einer Täuschung: Die Entrüsteten folgen ihm nicht. Sie schieben ihn richtungslos vor sich her, ohne dass er nur den Funken einer Chance hätte, den Kurs zu ändern.

So ist eine Situation entstanden, in der Politik gesellschaftliche Entwicklungen eher nachvollzieht denn initiiert. Im besten Fall bringt man Gesetze auf die Höhe der Zeit. Angestoßen werden Veränderungen kaum noch. Der dominante Politikertypus von heute zuckelt hinten nach. So ist der Politik eine ihrer zentralen Aufgaben abhanden gekommen: die Führungsfähigkeit. Denn vom Ende des Feldes her kann man nicht führen.

Mit dem damit einhergehenden Autoritätsverlust müssen Politiker umgehen lernen. Politische Funktionen an sich verleihen schon lange keine Autoritätsaura mehr. Nicht nur der Kanzlerbonus ist verschwunden. Mit dem – an sich wünschenswerten – Verlust der Ehrfurcht aber ist in der Beziehung zwischen Regierenden und Regierten auch etwas anderes, für die Demokratie ungleich Wertvolleres, verkümmert – der Respekt vor dem Amt. Schuld daran tragen das politische Personal und dessen Tendenz zur Selbstaufgabe. Politiker geben ihre Rolle und die damit verbundene Verantwortung freiwillig auf. Mehr noch: Sie wollen sie loswerden. Politiker wollen Situationen vermeiden, in denen sie gefragt werden, was unter ihrer Verantwortung geschehen ist. Eine Folge davon ist eine unterentwickelte Rücktrittskultur. Politiker haben aber auch Angst davor, sich festzulegen oder gar eine Vorstellung von der Zukunft zu entwickeln. Und selbst wenn sie eine hätten, sie würden den Teufel tun und eine solche „Vision" jemals äußern.

Dabei ist es das, was Politik ausmacht. Max Webers viel zitierte und oft missbrauchte Definition, wonach Politik das „Bohren harter Bretter" sei, war gefolgt von nicht weniger zentralen Worten: „Alle geschichtliche Erfahrung bestätigt es, dass man das Mögliche nicht erreichte, wenn nicht immer wieder in der Welt nach dem Unmöglichen gegriffen worden wäre." Regierungsmitglieder, Parlamentarier – sie sind selten Fachexperten und müssen das entgegen einer weit verbreiteten Meinung auch gar nicht sein. Aber: Sie sollten Leitbilder entwickeln und dafür Mehrheiten herstellen können. Österreichische Politiker hören das nicht gern. Sie zitieren dann den fälschlicherweise Franz Vranitzky zugeschriebenen Satz, wonach einen Arzt brauche, wer in der Politik Visionen habe.

Dabei kommt es in der Politik sehr häufig gar nicht darauf an, dass ein Politiker die von ihm entwickelte Vision auch selbst Realität werden lässt. Welchen amerikanischen Präsidenten verbindet man mit der Mondlandung? Wohl John F. Kennedy. Dabei formulierte dieser nur das Ziel. Das historische Ereignis selbst fand erst unter dem übernächsten US-Präsidenten, Richard Nixon, statt.

In der österreichischen Politik hat sich ein anderes Idealbild durchgesetzt. Führende „Gestalter" dieses Landes sagen gern: Man solle nichts versprechen. Man solle auch nichts ankündigen, was man dann nicht halten kann. Das klingt fürs erste logisch. Wie oft hat man es erlebt, dass Ankündigungen des Wahlkampfs dann nicht eingelöst wurden? Doch hier geht es nicht um eilfertig versprochene Wahlzuckerl. Die Frage ist: Woher weiß man, was man halten kann und was nicht?

Offenbar beschleicht die aktuelle Politikergeneration nicht selten das Gefühl, dass sie die Gravitas, die zur Umsetzung politischer Pläne nötig ist, nicht besitzt. Der Mangel an Ambition ist so auch das Eingeständnis der eigenen Machtlosigkeit. Das mag man realistisch nennen. Doch so schafft sich die Politik selbst ab. Die Kapitulation vor den Mühen des politischen Willensbildungsprozesses schafft ein öffentliches Vakuum, in das jederzeit andere Akteure stoßen können.

Wie kommen wir da raus?

Welche Akteure das sind, muss letztlich auch von den Bürgerinnen und Bürgern beantwortet werden. Bei allem Lamento über schuldhaftes Verhalten seitens der Politik – die Bevölkerung hat es in der Hand, wie das demokratische Zusammenleben künftig gestaltet wird. Die Frage ist, ob sich jene durchsetzen, die autoritäre Quasi-Demokratien wie Russland als entscheidungsfreudigere Alternative preisen, oder doch die, welche den Glauben an die Rettung des bestehenden Systems noch nicht verloren haben.

Der Wutbürger ist mit seiner ungelenken und destruktiven Aggression kein idealer Ratgeber. Dagegen sein ist nicht genug. Was es braucht, sind Einschnitte im System, die dabei helfen, die Glaubwürdigkeit der politischen Institutionen wieder zu erhöhen. Eines der vordringlichsten Ziele dabei ist, den Angstpolitiker aus seiner Erstarrungshaltung zu lösen und ihn wieder in eine aktivere Rolle im politischen Prozess zu zwingen. Dazu werden in den folgenden Beiträgen bekannter Autorinnen und Autoren zahlreiche Ideen geboten, die es wert sind, breiter diskutiert zu werden.

Vorab hier sieben Ansätze, wie die Wiederbelebung des demokratischen Prozesses in Österreich gelingen kann:

1. Wir brauchen eine neue Form der politischen Rekrutierung. Derzeit findet eine Negativauslese statt. Diese Spirale nach unten muss durchbrochen werden. Es darf kein Makel mehr sein, wenn jemand Zeit in der Politik verbracht hat. Im Gegenteil: Die Durchlässigkeit zwischen Politik einerseits und Wirtschaft und Zivilgesellschaft andererseits muss erhöht werden. Dem steht die aktuelle Sesselkleber-Mentalität entgegen. Die Zahl der Perioden, die ein Politiker eine Funktion ausüben kann, gehört also begrenzt.

2. Das Wahlrecht gehört reformiert. Die Persönlichkeit sollte vor der Partei stehen. Die Parteien haben ihre historischen Verdienste, heute sind sie zu dominant und behindern die demokratiepolitische Durchlüftung des Landes. In Österreich kann es passieren, dass es jemand in einer Partei in die erste Reihe schafft, ohne dabei Bekanntschaft mit Wählerinnen und Wählern zu machen. Wer seine politische Karriere mehr auf Gremien als aufs Publikum baut, ist dann aber nicht selten schwer vermittelbar. Rücken Personen von Beginn an in den Vordergrund, hilft das, die Kluft zwischen Repräsentierten und ihren Repräsentanten zu verkleinern.

3. Wir müssen für mehr Legitimität von Entscheidungen sorgen. Ein Diktat der direkten Demokratie wäre dabei im Lichte des oben Beschriebenen kontraproduktiv. Doch die stumpf gewordenen Waffen der Mitsprache gehören geschärft. Das Volksbegehren etwa ist in seiner aktuellen Form sinnlos. Plebiszitäre Elemente, die Chancen auf Berücksichtigung haben, können Angstpolitiker zwingen, das zu tun, was sie tun sollten: sich deklarieren und offen für eine Position werben. Nichts anderes ist vor der Abstimmung über den EU-Beitritt Österreichs geschehen. Bei aller Kritik am aktuellen Zustand der EU ist die Legitimität dieser Entscheidung nie angezweifelt worden.

4. Die Politik muss ihre Strategiefähigkeit neu entdecken und echte Zukunftsthemen in den Blick rücken. Auch komplexe Sachverhalte sind den Menschen zumutbar. Nun wäre es naiv, von Wahlkämpfern zu verlangen, dass sie nicht (auch) den nächsten Wahltermin im Kopf haben. Doch die tagesaktuelle Rauferei der Generalsekretäre muss nicht im Zentrum stehen. Die Einrichtung echter und auf Langfristigkeit zielender Strategieabteilungen auf Regierungs- und Parteiebene wäre ein erster Schritt, um den aktuellen Fokus auf die Schlagzeile von morgen zu überwinden.

5. Diese Neuorientierung muss von der Politik aber auch eingefordert werden. Dazu braucht es eine (Re-)politisierung der Öffentlichkeit. Die Zivilgesellschaft wird hierzulande zwar gern beschworen, sie existiert aber bloß in Ansätzen. Das ist auch ein Versagen des Bildungssystems. Politische Bildung muss daher an Österreichs Schulen als Pflichtfach etabliert werden.

6. Adressiert gehört auch die vierte Macht im Staat, die Medien. Diese torkeln orientierungslos durch die eigene Krise. Wer aber mit sich selbst beschäftigt ist, betreibt die Aufarbeitung der politischen Krise nur mit halber Kraft. Die ökonomische Minderausstattung der Redaktionen wird zu einem veritablen Problem. Es braucht daher eine andere Finanzierung von Qualitätsjournalismus (nach klaren, objektivierbaren und parteipolitisch nicht interpretationselastischen Kriterien).

7. Nicht zuletzt braucht es aber auch eine neue Haltung. Der Angstpolitiker muss die eigens geschaffene Sicherheitszone verlassen und sich wieder mehr zutrauen. Wählerinnen und Wähler sind ebenso gefordert, endlich auch in Österreich eine kritische, aber respektvolle Öffentlichkeit zu schaffen und sich daran zu beteiligen. Diese Öffentlichkeit muss politisch Handelnde fordern, ohne dabei in plumpes Wutbürgertum abzudriften.

Wut vernebelt – Bürgernähe wirkt

Reinhold Mitterlehner

In seinem gleichnamigen Essay hat der „Spiegel"-Journalist Dirk Kurbjuweit vor fünf Jahren den seither vielzitierten „Wutbürger" er- bzw. gefunden. „Er bricht mit der bürgerlichen Tradition, dass zur politischen Mitte auch eine innere Mitte gehört, also Gelassenheit, Contenance. Der Wutbürger buht, schreit, hasst. Früher war er staatstragend, jetzt ist er zutiefst empört über die Politiker", schrieb Kurbjuweit. Der Autor entfachte damit eine breite Debatte im deutschsprachigen Feuilleton über das schwer in Mitleidenschaft gezogene Verhältnis zwischen Politik und Bürgern, über eine neue Dimension der Politikverdrossenheit und der Entfremdung zwischen Regierenden und Regierten.

Die Wutbürger-Debatte schwappte auch auf unser Land über. In Form eines dramatisch gestiegenen Protest-Wahlverhaltens verschaffte sich das Wutbürgertum zuletzt auch Luft bei einigen Landtagswahlen. Regierende Parteien wurden dabei teils auf dramatische Weise abgestraft, die oft taten- und aktionslose Opposition profitierte dagegen im Übermaß. Was dominierte, war eine wutbürgerliche Stimmungslage, die zwar oft gar nicht genau artikulieren kann, was das Problem ist, aber dessen ungeachtet ihren Tribut fordert. Der Kultursoziologe Manfred Prisching hat bei der Festveranstaltung zum 70. Geburtstag der Volkspartei die Problematik sehr treffend auf den Punkt gebracht: „Wenn Wut jeden Gedanken vernebelt, kann man einen solchen nicht mehr fassen."

Eine Frage der Haltung

Was in der medialen Wutbürger-Diskussion leider allzu rasch in den Hintergrund trat, war, dass Dirk Kurbjuweit in seinem Essay auch gleich einen Therapievorschlag – zunächst adressiert an den deutschen Bildungs-Wutbürger – mitlieferte. „Es könnte ihnen helfen", riet Kurbjuweit, „mal wieder die ‚Buddenbrooks' zu lesen, den großen Roman deutscher Bürgerlichkeit von Thomas Mann. Weil Thomas Buddenbrook die Zeichen der Zeit nicht erkennt, geht sein Familienunternehmen unter. Das ist sein Versäumnis, aber auf eine andere Art ist er beeindruckend: in seiner Contenance, in seiner tadellosen Haltung angesichts vieler Schwierigkeiten."

Wenngleich bürgerliche Gelassenheit angesichts der notorischen Reformverweigerung mancher Teile des politischen Spektrums in Österreich tatsächlich schwierig zu bewahren ist, so ist der Hinweis auf die richtige „Haltung" im Umgang mit Herausforderungen berechtigt. Mit welchen Haltungen stehen wir eigentlich als Politik, Staat und Bürger Problemen gegenüber? Welche Anspruchs- und Erwartungshaltungen prägen das Verhältnis zwischen Politik, Staat und Bürgern? Das ist ein Schlüsselthema für die Zukunft unseres Gemeinwesens. Dass diese Fragen in Österreich völlig ungeklärt sind, haben zuletzt die Diskussionen über Steuerreform und Asylwesen gezeigt.

– Dabei geht es einerseits um die Frage, wie die Bürger den Staat und die Politik sehen. Was sie vom Staat erwarten und fordern – und was nicht. Es ist ein offenes Geheimnis, dass sich die Anspruchsspirale an den „Vollkasko-Staat" weiter nach oben gedreht hat. Der historische Vergleich zeigt etwa für den Sozialbereich: Österreichs Sozialquote (Sozialausgaben in Prozent des BIP) hat sich seit 1955 von 16,7 Prozent auf knapp 30 Prozent des BIP fast verdoppelt. Das Wirtschaftswachstum hat sich hingegen im selben

Zeitraum in der Tendenz verringert. Unser Potenzialwachstum liegt real nur mehr bei knapp über einem Prozent pro Jahr. Wir sind heute mit der unangenehmen Wahrheit konfrontiert, dass die Erfüllung von steigenden Ansprüchen an staatliche Leistungen an ihre finanziellen Grenzen gekommen ist. Noch mehr Staat geht nicht. Es ist Zeit für alle in der Politik, diese Wahrheit auch anzuerkennen und auszusprechen.

– Andererseits ist es entscheidend, welche Haltung die Politik gegenüber den Bürgern einnimmt. Sieht sie die Bürger in populistischer Manier als käuflich an, deren Unterstützung bei Wahlen man sich mit weiteren finanziellen Wohltaten versichern kann, unabhängig davon, ob sich ein Staat das auch leisten kann? Und bringt die Politik damit die „Anspruchsdemokratie" zu Lasten der nächsten Generationen erst richtig zum Blühen? Oder legt die Politik Wert darauf, staatliches Handeln effektiver zu machen und allenfalls zu redimensionieren, die Freiheit der Bürger zu erhöhen und ihnen mehr Entscheidungsspielräume für das persönliche Leben zu ermöglichen? Dies züchtet nämlich nicht Wut, sondern fördert Verantwortung.

Populismus oder Mäßigung?

Wir sind heute an einem Wendepunkt angelangt, an dem sich ideologieübergreifend zwei konkurrierende politische Haltungen gegenüberstehen:

– der linke und rechte Populismus, der viel verspricht, nichts halten kann, finanziell von der Hand in den Mund lebt und der letztlich Politikverdrossenheit und Wut befeuert, sowie
– eine Politik der Mitte und Mäßigung, die Probleme beim Namen nennt, um sie möglichst rechtzeitig und richtig zu

lösen, und die den Bürger nicht als instrumentalisierbares Objekt sieht, sondern als eigenverantwortliches Subjekt ernst nimmt. Darum geht es mir. Genau das verstehe ich unter bürgernaher Politik.

– Bürgerorientierung und Bürgernähe sind keine leeren Schlagworte, sondern das entscheidende politische Zukunftsprojekt in Österreich. Es geht darum, das Verhältnis zwischen Bürgern und Staat auf eine zeitgemäße, nachhaltige Basis zu stellen. Nur das macht Staat und Bürger handlungs- und zukunftsfähiger, nur das eröffnet beiden Seiten neue Handlungsspielräume. In diesem Sinn gilt es, für eine neue Politik der Bürgernähe in folgenden fünf Handlungsfeldern neu- und umzudenken.

Vom Vater Staat zum Partner Staat

Der Staat soll für die Bürger da sein – und nicht umgekehrt. Angesichts einer Staatsquote von 52 Prozent, bürokratischer Überregulierung in vielen Bereichen und eines nach wie vor weit verbreiteten staatlichen Obrigkeitsdenkens sind wir von diesem Ziel noch entfernt.

Der traditionelle Vater Staat, der die Bürger von der Wiege bis zur Bahre reguliert und bevormundet, ist kein Konzept für die Zukunft mehr. Wir brauchen den Partner Staat, der einem in bestimmten Lebenssituationen zur Seite, aber nicht im Weg steht. Wo der Staat nicht dem Einzelnen oder der Gesellschaft dient, benötigen wir ihn schlichtweg nicht. Im Gegenzug geht es darum, die Freiheit und Eigenverantwortung des Einzelnen zu stärken. Die Bürger sollen als Teil einer verantwortungsvollen Bürgergesellschaft mehr über ihr Leben, insbesondere in ihrem Umfeld, entscheiden können. Staatliches Handeln soll den Bürgern dienen und größtmögliche Wahlfreiheit gewährleisten. Ein aktuelles Beispiel aus der Unternehmerwelt: Damit Gründer ihre Ideen rascher und ohne staatliche Bevormundung in die Tat umsetzen können, haben wir mit der Genehmigungsfreistellungsverordnung eine große Anzahl kleiner Betriebe von der Genehmigungspflicht für ihre Betriebsanlagen befreit. Das bringt nicht nur Kostenersparnisse von 2000 bis 3000 Euro pro Betrieb, sondern außerdem die Sicherheit, dass man nicht unterschiedlichen Ansichten und Verwaltungspraktiken der Länder und Bezirke ausgeliefert ist.

Ein solches modernes Staatsverständnis erfordert von politischen Parteien ein Umdenken: Wer den Menschen auf ihrem Lebensweg so viele Leitplanken zur Seite stellen will, dass sie gar keinen anderen Weg als den vermeintlich „gut gemeinten" mehr gehen können, befindet sich ebenso am Holzweg wie jene, die zwischen „guten" und „schlechten" Lebensentwürfen entscheiden. Wie Menschen ihr Leben gestalten und welche Lebensentwürfe sie verfolgen, muss jedoch in ihrer freien Entscheidung liegen. Das geht die Politik nichts an. Orientierungen für ein gelingendes Leben und eine erfolgreiche Gesellschaft kann und soll man auch als politische Kraft bieten – aber mit Bevormundung von oben, sei es im Privatleben, im Mobilitätsverhalten oder im wirtschaftlichen Bereich, muss Schluss sein.

Vom Versprechen zur Verantwortung

Das dominierende politische Format – nicht nur in Österreich – ist das politische Versprechen. Versprochen werden den Bürgern, meist in simplen Drei- bis Fünf-Punkte-„Programmen", vielfältige Wohltaten. Mitunter wird daraus, wie am 24. September 2008 im österreichischen Nationalrat, ein heute nicht mehr nachvollziehbarer, sündteurer Wahlzuckerl-Exzess. Politik inszeniert sich als Geber, der Bürger wird zum Nehmer degradiert.

Dabei ist es sein Steuergeld, das oft hemmungslos ausgegeben wird, wobei suggeriert wird, dass dieses „Steigerungsspiel" (Gerhard Schulze) unendlich fortgesetzt werden kann.

Mit Bürgernähe hat eine solche Politik nichts zu tun. Sie mag auf den ersten Blick populär wirken, aber die Menschen wissen nur zu gut, dass sie dafür eine hohe Rechnung bezahlen müssen. 75 Prozent der Österreicher sprechen sich deshalb dafür aus, dass die Politik das sachlich Richtige und nicht das Populäre tut. Das ist eine wichtige Maxime einer bürgernahen Politik: Sie muss das Richtige für Land und Bürger tun – und eben nicht nur das auf den ersten Blick populär erscheinende. Es ist in der Folge eine Frage der politischen Verantwortung, das Richtige mit den besseren Argumenten populär zu machen. Dinge aus Verantwortung richtig zu gestalten, ist heute in vielen Handlungsfeldern notwendig, um die Erfolgsgeschichte Österreichs fortzuschreiben: etwa zur Sicherung des Pensionssystems in einer demografisch alternden Gesellschaft, zur Weiterentwicklung des Bildungssystems, um Chancengerechtigkeit und Bildungsqualität für alle jungen Menschen zu gewährleisten, oder zur Stärkung des Wirtschafts- und Arbeitsstandortes Österreich durch weniger Bürokratie. Die rechtzeitige, berechenbare Weiterentwicklung und Anpassung staatlicher und gesellschaftlicher Institutionen an veränderte Gegebenheiten ist kein Selbstzweck. Es geht darum, Gutes und Wichtiges für die Zukunft zu bewahren.

Politik ist kein Selbstzweck zum Machterhalt, sondern eine Dienstleistung an den Bürgern und ihrer Zukunft. Sie muss auf dem Boden der Sachlichkeit und der Vernunft *richtige* Lösungen entwickeln, die unser Land und seine Menschen nach vorne bringen. Das ist ungleich schwieriger, als ein Versprechen an das andere zu reihen und die Rechnung dafür der nächsten Generation aufzubürden. Aber für eine bürgerorientierte Politik gibt es dazu keine Alternative.

Von Betroffenen zu Beteiligten

Entscheidendes Merkmal einer bürgernahen Politik ist es, Bürger besser in Entscheidungen einzubinden. Die Menschen haben ein Recht darauf, in allen sie betreffenden Fragen mitzureden und mitzubestimmen. Das Entwickeln von Projekten mit Bürgerinnen und Bürgern – und nicht über ihre Köpfe hinweg – ist auf allen politischen Ebenen wichtig. Gerade im unmittelbaren Lebensumfeld bedeutet mehr Partizipation meist auch mehr persönliche Lebensqualität. Mehr Partizipation und eine aktive Zivil- bzw. Bürgergesellschaft sind ein Gewinn und keine Bedrohung für die Politik. Österreich verfügt bereits über vielfältige Instrumente der direkten Demokratie, die zeitgemäß – etwa unter Nutzung der Informationstechnologien – weiterentwickelt werden sollen.

Ziel ist freilich nicht eine elektronische Instant-Demokratie, in der rund um die Uhr Abstimmungen am Programm stehen. Es gibt viele Schnittstellen zwischen Politik und Bürgern, die wir derzeit überhaupt nicht nutzen. Moderne Partizipationsverfahren liefern hier vollkommen neue Möglichkeiten. So können zum Beispiel Steuerzahler via FinanzOnline konsultiert werden, wenn es um die Verwendung ihres Steuergeldes geht. Eine entwickelte Feedback-Kultur zwischen Bürger und Politik bringt diese näher zusammen. In der Privatwirtschaft entwickeln Unternehmen Produkte und Dienstleistungen gemeinsam mit ihren Kunden bzw. Usern – warum soll das nicht auch in Politik und Staat möglich sein?

Vom Rand zur Mitte

Der öffentliche Diskurs wird heute vielfach von den politischen Rändern geprägt. Politische, gesellschaftliche und wirtschaftliche Extrempositionen bestimmen allzu oft das mediale Bild – und überlagern die Bedürfnislagen der „schweigenden" gesellschaftlichen Mitte.

Für eine bürgernahe Politik ist es daher wichtig, die Mitte der Gesellschaft zum Maß der Politik zu machen. Unser Land braucht eine starke Mitte, einen starken Mittelstand. Damit sind all jene gemeint, die in der Früh aufstehen und anpacken – im Beruf, in der Familie, im Ehrenamt, in der Stadt, am Land. Diese Leistungsträger sind der Motor unserer gesellschaftlichen Entwicklung. Ohne ihre Leistungen gibt es auch nichts umzuverteilen.

Für eine bürgernahe Politik aus der Mitte und für die Mitte geht es aber nicht nur um die konkreten Leistungen des Mittelstands. Es geht auch um die Werte, die in der Mitte unserer Gesellschaft verankert sind, wie Leistungsbereitschaft, Eigenverantwortung, sozialer Aufstieg. Diese Werte strahlen in die gesamte Gesellschaft aus. Das macht unsere Gesellschaft stabil und resilient. Der Mittelstand unserer Gesellschaft darf nicht zur Melkkuh der Nation werden – das sei allen ins Stammbuch geschrieben, die auf der Jagd nach Millionären letztlich unseren Mittelstand treffen. Dann hätte der Mittelstand alles Recht, wütend zu werden. Eine bürgernahe Politik sichert und schützt deshalb Werte und Leistungskraft des Mittelstands für die Zukunft.

Vom Inserat zur Transparenz

Bürgernahe Politik ist sich immer dessen bewusst, dass es kein „Staatsgeld" gibt. Es gibt nur das Geld, das sich die Steuerzahler – meist sehr hart – erarbeitet haben. Die Bürger haben ein Recht darauf, dass mit ihrem Geld sparsam und effizient umgegangen wird. Nicht die Bürger, sondern der Staat muss –

sofern dem nicht sicherheitspolitische Überlegungen entgegen-
stehen – gläsern sein. Für die Bürger muss vor allem transparent sein, wie es um das Preis-Leistungs-Verhältnis staatlicher
Leistungen bestellt ist. Das ist auch eine notwendige Grundlage dafür, um staatlich garantierte Leistungen kostengünstiger
von privater Seite durchführen zu lassen.

Transparenz lässt sich definitiv nicht durch interessengelei-
tetes Inserieren von Regierungsstellen in bestimmten Medien
gewährleisten, sondern nur durch eine offene Informations-
politik. Die Inseraten-Exzesse der Stadt Wien vor Wahlen sind
ein dramatisches Negativ-Beispiel. In Wien entscheiden zudem
politische Gremien darüber, welche Organisationen mehrere
hundert Millionen Euro Steuerzahlergeld erhalten – doch was
damit passiert, bleibt im Dunkeln. Es ist nicht transparent, warum die Stadt bestimmte Unternehmen besitzt, welche Ziele
sie damit verfolgt und was diese Unternehmen alles finanzieren
müssen. Das Wiener Budget wird von der Stadtregierung so
aufbereitet, dass es nicht einmal Experten verstehen: Es hat
nur „eingeschränkte Aussagekraft", kritisieren die Fachleute
des Rechnungshofes. Das muss sich ändern.

Transparenz ist auch in sozialpolitischen Fragen von großer Bedeutung. Solidarität ist schließlich keine Einbahnstraße.
Es kann uns nicht nur um die Solidarität mit jenen gehen, die
soziale Leistungen in Anspruch nehmen müssen, sondern sie
muss auch jene umfassen, die soziale Leistungen finanzieren.
Der Einzelne darf von der Gemeinschaft nur das fordern,
was er aus eigener Kraft nicht leisten kann. Grundsätzlich
muss auch im Sozialwesen Vorsorge Vorrang vor Fürsorge haben. Wohlstand ist stets Ergebnis von Arbeit – und nicht von
Umverteilung. Trittbrettfahrer-Mentalität ist in allen Bereichen
abzulehnen. Moderne Instrumente, wie die Transparenzdaten-
bank, sind eine notwendige Grundlage dafür, dass politisches
Handeln für die Bürger ausreichend transparent ist.

Bürgernähe als Wertefrage

Das Projekt einer bürgernahen Politik basiert auf klaren Werten. Bürgernähe setzt das politische Bekenntnis zu Freiheit, Leistung und Eigenverantwortung voraus. Bürgernahe Politik vertraut zuallererst auf die Fähigkeiten der Menschen, ihre Angelegenheiten selbst zu regeln. Sie fördert Eigenverantwortung und das Prinzip der Subsidiarität im gesellschaftlichen und politischen Leben: Was der Einzelne oder die kleine Einheit verantworten kann, soll auch in seiner bzw. ihrer Verantwortung verbleiben. Es geht darum, den Einzelnen und kleinere Gemeinschaften dazu zu befähigen und darin zu stärken, Aufgaben eigenverantwortlich zu bewältigen. Das fördert lebensnahe Lösungen und entlastet den Staat. Es befreit ihn aus einer politisch geschürten Anspruchsfalle und schützt ihn vor maßloser Überforderung. Wer der freien Entscheidung und damit der Verantwortung der Bürger misstraut, dem wird es schwer fallen, bürgernahe Politik zu betreiben. Der entfernt sich weiter von den Bürgern – und genau darin liegt eine Wurzel von Politikverdrossenheit und Wutbürgertum.

Kritik statt Wut

Eine bürgernahe Politik ist nicht nur eine Herausforderung, sondern auch eine große Chance für politische Parteien, undifferenzierte Wut auf das politische System in konstruktive Kritik zu transformieren. Das ist für die Zukunft unserer Demokratie von grundlegender Bedeutung. Bürgernähe wirkt gegen die Entfremdung von Regierenden und Regierten in einer repräsentativen Demokratie, die weiterhin die Geschäftsgrundlage unseres demokratischen Gemeinwesens ist. „Parteienverachtung gilt als schick und nimmt insbesondere in den Medien, aber auch der Gesellschaft, allgemein zu. Ohne starke legitimierte Parteien wird es aber keine wirklich repräsentative Demokratie geben können (...) Eine starke Zivilgesellschaft kann Parteienregierungen ergänzen oder korrigieren, nie jedoch ersetzen", bilanziert etwa der Demokratieforscher Wolfgang Merkel (Hrsg: NCCR Democracy, Hanspeter Kriesi, Lars Müller: Herausforderung Demokratie, Lars Müller Publishers).

Eine der Ursachen für den Vertrauensverlust in die Politik sieht Politikwissenschaftler Merkel übrigens darin, dass die Bürgerinnen und Bürger viel kritischer geworden seien. Die Nachfrage sei anspruchsvoller. Das ist nicht nur ein differenzierterer Befund als jener des Wutbürgers, der laut Dirk Kurbjuweit angeblich nur „buht, schreit, hasst". Das sind gute Nachrichten für eine moderne Politik der Bürgernähe.

Plädoyer für den Kompromiss

RUDOLF HUNDSTORFER

Der Kompromiss hat nicht den besten Ruf. Er wird gerne mit dem Vorwort „faul" kombiniert, er riecht nach vergebenen Möglichkeiten, nach zu wenig Durchsetzungskraft und nach fehlender Überzeugung.

Dabei geht ohne Kompromiss gar nichts. Denn er ist das Instrument der Konfliktlösung und die Grundbedingung für ein friedliches Zusammenleben. Stellen wir uns also vor, es gäbe keine Kompromisse. Wenn sich zwei streiten und sie finden keinen gemeinsamen Nenner, dann wird dieser Streit fortgesetzt. Er wird wahrscheinlich sogar eskalieren und an Schärfe zunehmen. Ohne Einigung wird er zum Gegenpol des Kompromisses, zum Kampf oder gar zum Krieg. Krieg findet dann statt, wenn kein Kompromiss gefunden werden kann oder kein Einvernehmen gewollt wird. Die jahrzehntelang ausgetragenen Konflikte im Nahen Osten sind ein anschauliches Beispiel dafür. Hier hat sich über Generationen hinweg Unverständnis und Hass aufgebaut. Auch die Streitschlichtungs-Bemühungen von auswärts sind bisher jeweils unter dem Druck kurzfristiger Eigeninteressen gescheitert.

Die Älteren unter uns können sich an die Folgen des Nicht-miteinander-Wollens gewiss noch gut erinnern. Es war ja kein Naturgesetz, dass die Erste Republik an den unterschiedlichen Positionen der politischen Lager gescheitert ist. Nach den traumatischen Erfahrungen des Weltkrieges, dem Zerfalls der Monarchie und der allgemeinen wirtschaftlichen Not war man in den politischen, aber auch einigen gesellschaftlichen Kreisen nicht imstande, Kompromisse einzugehen und eine tragfähige Gesprächs- und Streitkultur zu entwickeln. Die Erste Republik ist zerschellt am kompromisslosen Nicht-Miteinander-Können und -Wollen. Ohne hier die Schuldfragen besprechen zu wollen, muss man heute feststellen: Es hat im Nachhinein betrachtet auch in dieser sehr schwierigen Zeit dieses neuen, klein gewordenen Österreichs Zeitpunkte und Möglichkeiten gegeben, an denen man mit ausgestreckten Händen statt mit Waffen aufeinander zugehen hätte können. Aber es hat dazu noch die Reife gefehlt. Keiner wollte nachgeben, um ein höheres Gut zu bewahren, nämlich die demokratische Republik und letztlich Österreich als eigenständigen Staat. Die Erste Republik ist damals zugrunde gegangen an völlig unterschiedlichen Auffassungen von dem, was richtig und falsch ist. Und sie ist gescheitert an der Unfähigkeit, von den eigenen Standpunkten abzugehen und auf die andere Seite zuzugehen – also Kompromisse zu schließen. Am Ende war damit nichts gewonnen, nur sehr viel zerstört.

Als Adolf Hitler 1938 seine Truppen in Österreich einmarschieren ließ, war das Land schließlich tief gespalten, die Sozialdemokratie war verboten. Österreich hat sich mit großer Zustimmung dem wohl kompromisslosesten Aggressor in der Menschheitsgeschichte ergeben.

Für die Nazis aber waren sowohl sozialdemokratische als auch christlichsoziale Gewerkschafter und Politiker „feindliche Elemente". Wer sich im Alleinbesitz der Wahrheit fühlt, für den gibt es nur völlige Unterwerfung oder Todfeinde. Die nationalsozialistische Ideologie war nicht verhandelbar. Die Folgen sind bekannt, sie waren millionenfach tödlich.

Nach Faschismus und Krieg: die Sozialpartnerschaft

Es ist logisch und folgerichtig, aber nicht selbstverständlich, dass die Erfahrungen mit der totalen, kompromisslosen Diktatur der Nationalsozialisten zur Entwicklung einer anderen Form der Konfliktlösung geführt haben. Der „Geist der Lagerstraße", die gemeinsamen Erlebnisse der „Roten" und „Schwarzen" in den Konzentrationslagern der Nazis, aber auch die fruchtlosen Auseinandersetzungen und Eskalationen in der Ersten Republik, all das hat zur festen Überzeugung geführt, dass in Österreich nie wieder das Militär oder die Polizei auf die eigene Bevölkerung schießen darf, dass nie wieder das Gegeneinander stärker sein darf als das Miteinander. Die Leitsätze des Kompromisses heißen: keine Gewalt, miteinander reden, bis Lösungen gefunden sind, leben und leben lassen. Aus dieser festen Überzeugung ist die Sozialpartnerschaft entstanden. Es waren Staatsmänner wie der erste ÖGB-Präsident Julius Böhm und der erste Präsident der Bundeskammer der gewerblichen Wirtschaft (wie die Wirtschaftskammer Österreich damals hieß), Julius Raab, die diesem Geist der Gemeinsamkeit eine Struktur gegeben haben. Schon 1945 ist ein Komitee gegründet worden, in dem die Wiener Handelskammer und die Wiener Arbeiterkammer über sozialpolitische Probleme beraten haben. Die Sozialpartnerschaft war geboren. Schon der Name deutet auf das Primat des Gemeinsamen hin. Hier haben sich erstmals Arbeitgeber und Arbeitnehmer als „Partner" getroffen, um ihre divergierenden Interessen auszuhandeln. Und das in einem gemeinsam vereinbarten Rahmen und mit Erfolg.

Die messbaren Auswirkungen dieser österreichischen Besonderheit über Jahrzehnte: ein überdurchschnittlich großes Wachstum der Einkommen und der Wirtschaft und ein sozialer Frieden wie kaum in einem anderen Staat dieser Welt. Streiks werden hierzulande immer noch in Sekunden gemessen. Das liegt aber nicht am fehlenden Engagement von Gewerkschaften und Arbeiterkammern. Das liegt daran, dass Österreichs Sozialpartner – also ÖGB und AK auf der Arbeitnehmerseite und Wirtschaftskammer und Landwirtschaftskammer auf der anderen Seite – sich selbst einen Pfad der Einigung geschaffen haben. Und das freiwillig, denn die Sozialpartnerschaft ist zwar wirksam und schlagkräftig, aber sie ist nicht gesetzlich verankert. Manche meinen, dass gerade darin die Basis für die Erfolge der Sozialpartnerschaft liegt.

KV-Verhandlungen:
Der sichtbarste Ausdruck des Kompromisses

Jeden September beginnen die Sozialpartner bei den „Metaller-Verhandlungen" die maßgebende Richtlinie für die Kollektivvertragsverhandlungen in den anderen Branchen zu legen. Entsprechend groß ist das mediale Interesse an den Verhandlungen und entsprechend sind die Inszenierungen. Die Vertreter der Arbeitgeber fühlen sich in der Pflicht, ihrer Klientel möglichst Kosten und Beschwernisse zu ersparen. Da wird schon manchmal das Ende der gesamten Branche befürchtet, sollten die Forderungen des Gegenübers erfüllt werden müssen. Umgekehrt kämpfen die Vertreter der Arbeitnehmer um jeden Cent für ihre Klientel und verweisen auf die Gewinne der Branche und die Zurückhaltung der Gewerkschaft in den letzten Jahren. Damit dieses Aufeinandertreffen diametral entgegengesetzter Interessen nicht im Raum des Unerfüllbaren stattfindet, dienen als Richtschnur für die letztlich zu erreichende Lösung die Prognosen der Wirtschaftsforschungs-Institute.

„Denn wir machen Wirtschaftspolitik nicht aus dem Kaffeesud", hat Anton Benya einmal festgestellt. Er hat übrigens auch trefflich vor Kollektivvertrags-Verhandlungen zu den üblichen Weltuntergangs-Kommentaren der Arbeitgeberseite gemeint: „Jedes Jahr zahlen laut der Arbeitgeberseite alle drauf wegen der ‚maßlosen' Forderungen der Arbeitnehmerseite. Aber vor lauter Draufzahlen ist es uns am Schluss immer besser gegangen."

Immer und überall: Kompromisse

Der Kompromiss ist keine politische Kategorie, auch im täglichen Leben sehen wir: Ohne Regeln, d.h. ohne Kompromiss, funktioniert es nicht. Beim Weg in die Arbeit ist jede Straßenkreuzung mit Ampelregelung ein Kompromiss. Autofahrer, Radfahrer und Fußgänger wollen am liebsten ohne halten zu müssen über die Kreuzung. Um einen reibungslosen Verkehr und damit die Unversehrtheit der Verkehrsteilnehmer zu garantieren, muss man sich aber an Regeln halten, den Kompromiss eingehen und eine gewisse Wartezeit akzeptieren, während der die anderen Verkehrsteilnehmer grünes Licht haben.

Jede Beziehung ist ein Kompromiss. Zu 100 Prozent idente Wünsche gibt es vielleicht in der Anfangszeit, danach beginnt die Zeit der Suche nach gemeinsamen Kompromissen. Für die Familienplanung, für die Wahl des Urlaubsziels, für den Kinofilm, den man gemeinsam ansehen will, für die Einrichtung des gemeinsamen Wohnsitzes usw. Ausverhandelt werden diese Kompromisse sehr unterschiedlich, manchmal ergeben sie sich auch einfach, meistens werden sie auch wieder verändert und neu festgelegt. Aber auch hier gilt: Je besser beide sich in diesem Kompromiss wiederfinden, desto stabiler wird die Beziehung sein.

Egal, ob die Hausordnung, die Regeln im Gesangsverein, erlaubte Bauhöhen im Kleingartenverein, die Regeln beim Fußballspielen oder die Öffnungszeiten im Supermarkt: Es sind alles Kompromisse, um gedeihlich miteinander auszukommen. Der Kompromiss regelt die großen und die kleinen Dinge des Alltags. Wobei: Es ist eigentlich nicht der Kompromiss, der das regelt. Es sind die am Kompromiss Beteiligten. Seien es Vereinsmitglieder, Mitglieder der Hausgemeinschaft, Verkehrsteilnehmer, Arbeitnehmer oder Staatsbürger.

Das größte Experiment

Eines der größten politischen Experimente, das in der Welt-
geschichte jemals in Angriff genommen wurde, ist gewiss die
europäische Einigung. Ein Kontinent, der über Jahrhunderte
von Kriegen zerrissen war, will es nun anders, besser machen.
Seit nunmehr 60 Jahren läuft dieses Experiment und es ist der
bislang größte Versuch, nicht durch Kampf und Eroberung,
sondern durch Verhandeln, miteinander Reden, durch das
Schließen von Kompromissen ein supranationales Gebilde
zu schaffen. In dieser Union finden alle, auch die kleinen, die
schwächeren Staaten ihren gleichberechtigten Platz. Gerade
der Umgang mit mehreren „Defizitsündern" in den vergangenen Jahren hat gezeigt, wie sehr es den Europäern darum geht,
nicht mehr zurückzufallen in alte Muster. Die Krise dauert nun
schon mehrere Jahre und die Gespräche sind äußerst schwierig. Trotzdem wird weiter verhandelt, trotzdem gibt es das
nachhaltige Bemühen, eine Lösung zu finden. In früheren Zeiten war, wie oben beschrieben, die Politik wesentlich stärker
impulsgeleitet. Man befand sich schnell in Sackgassen, aus
denen man ohne Schaden nicht mehr herausfand. In früheren
Zeiten hätte man vom Stabilitätspakt abweichende Länder
wohl ziemlich rasch aus der Union ausgeschlossen. Heute gibt
es den festen Willen, genau diesen Fehler nicht zu begehen.
Die negativen wirtschaftlichen Auswirkungen wären tiefgrei-
fend, aber eigentlich nur die kleinere Folge des Versagens. Mit
einer bedingungslosen Umsetzung der Stabilitätspaktregeln
wäre vor allem die politische Idee einer friedlichen Einigung
Europas nachhaltig beschädigt. Es würde bedeuten, dass Europa seine eigenen Probleme immer noch nicht austarieren kann.
Ich bin aber überzeugt, dass wir es schaffen. Ich denke, unser
Kontinent ist fähig, auch solch scheinbar unlösbare Konflikte
zu bewältigen, eben weil wir nach langer, schmerzhafter Ge-

schichte gelernt haben, dass letztendlich nur Kompromisse, die alle leben lassen, zum Ziel führen.

Kompromiss Steuerreform

Zurück zu einem österreichischen politischen Kompromiss: Mitte März 2015 hat Bundeskanzler Werner Faymann gemeinsam mit Vizekanzler Reinhold Mitterlehner eine Steuerreform vorgelegt. Sie bringt mit fünf Milliarden Euro an Entlastungen für insgesamt sechs Millionen Menschen in Österreich mehr im Geldbörserl. Vor allem Wenigverdiener profitieren davon. Die Gegenfinanzierung erfolgt durch eine Reihe unterschiedlicher Einnahmen, die auch größere Erbschaften und Schenkungen teurer machen. In beiden regierenden Parteien ist diese Steuerreform mit überwältigender Mehrheit angenommen worden. Sogar der Wiener Kardinal Schönborn hat sich positiv über die Reform geäußert, weil sie die Einkommensschere verkleinert. Erinnern wir uns aber einmal an die Vorgeschichte dieses Kompromisses zwischen SPÖ und ÖVP. Da wurden verbal die schweren Geschütze aufgefahren. Die SPÖ hat klipp und klar gesagt: Ohne vermögensbezogene Steuern keine Reform. Ähnliche definitive Aussagen gab es aus dem ÖGB. Der Koalitionspartner wiederum hat betont: Erbschafts-, Schenkungs- und Vermögenssteuer sind ein „No go" und kommen nicht in Frage. Das hat auch die Wirtschaftskammer mehr als deutlich gemacht. So diametral haben sich die Verhandlungspartner zu Verhandlungsbeginn aufgestellt. Dann ist eine Verhandlungsrunde nach der anderen ins Land gezogen – lebhaft kommentiert von den Medien – und nach einer letzten Nachtsitzung war eine Reform gefunden, bei der beide Seiten zwar nachgegeben haben, aber ihre wichtigsten Wünsche haben umsetzen können. Dieses Szenario erinnert mich sehr an die oben beschriebene

Inszenierung der Sozialpartner vor Kollektivvertrags-Verhandlungen. Letztlich wurde genau jenes Ergebnis erreicht, das einen guten Kompromiss ausmacht. Jeder der Beteiligten macht Abstriche, um das große Ganze zu schaffen: die Steuerreform mit dem größten Entlastungsvolumen in der Zweiten Republik. Natürlich kann ich persönlich mir eine im einen oder anderen Punkt andere Steuerreform vorstellen, aber ich bin mir sicher: Beide Seiten haben erreicht, was zu erreichen ist, und beide können das Erreichte gut und überzeugt vertreten.

Es hätte auch anders ausgehen können. Die eine oder andere Seite hätte zur Auffassung kommen können „besser ein Ende der Koalition als eine Steuerreform, die uns nicht passt". Spekuliert ist darüber ja vor dem Beschluss in den Medien genug worden. Ich meine aber: Was wäre damit gewonnen? Keiner kann sagen, wie diese vorzeitige Wahl dann ausgegangen wäre, niemand kann sagen, welche Koalition dann geschmiedet worden wäre. Und vor allem: Ob diese Koalition dann für SPÖ oder ÖVP besser gewesen wäre als die jetzige. Eine Steuerreform, wie wir sie jetzt haben, hätte es dann auch nicht gegeben, zumindest nicht bereits ab 2016. Wäre eine Steuerreform mit einer neuen Regierung überhaupt zustande gekommen, dann wäre es sehr fragwürdig, ob diese Steuerreform dann wirklich „besser" gewesen wäre.

Der politische Lastesel der Demokratie

Jede Koalition ist ein Kompromiss. Ich betone das hier, weil in der Öffentlichkeit zuweilen der Eindruck entsteht, man habe eine gemeinsame Meinung zu einem Thema, es würde aber wegen der Streitereien „der Politiker" nicht umgesetzt. Das ist meistens nicht so. Ich bin viel unterwegs, in Betrieben, auf der Straße, bei Veranstaltungen oder Diskussionen, und ich werde mit vielen Themen konfrontiert. Diese sind sehr unterschiedlich und mitunter widersprüchlich. Eine höhere Pension, weniger Arbeitslose, weniger Sozialversicherungsabgaben, mehr soziale Hilfestellungen usw. Das sind alles nachvollziehbare Wünsche. Sie sind aber in vielen Fällen nicht miteinander vereinbar. Denn mit weniger Sozialversicherungseinnahmen kann man nicht höhere Pensionen finanzieren. Ich höre Forderungen nach früheren Pensionsantrittszeiten und ich höre Forderungen nach späteren Pensionsantritten, nach mehr Nichtraucherschutz und nach mehr Freiraum für Raucher, nach mehr Geld für Sozialleistungen und nach Streichung von Sozialleistungen. Jeder einzelne Mensch in Österreich hat seine eigenen Schwerpunkte, die er von der Politik umgesetzt sehen will. Dazu gibt es einige Möglichkeiten: Sie reichen vom Herantragen der Anliegen an politische Entscheidungsträger über Bürgerinitiativen und Unterschriftenlisten über Proteste oder Petitionen bis zu Demonstrationen. Der traditionelle und meines Erachtens wirkungsvollste Weg ist die Wahl einer politischen Partei. Denn politische Parteien sammeln jeweils eine Gruppe von Menschen mit ähnlichen Zielen. Diese Ziele – so der Auftrag der Wählerinnen und Wähler an die Partei – sollen realisiert werden.

Aber: Seit dem Ende der absoluten Mandatsmehrheit der SPÖ im Nationalrat im Jahr 1983 müssen Koalitionen gebildet werden. Das bedeutet: Die Wähler zweier Parteien erwarten sich die Umsetzung von doppelt so vielen Zielen, die sich in einigen Fällen auch noch widersprechen. Das kann so nicht funktionieren. Also einigen sich die beiden Partner auf ein gemeinsames Regierungsprogramm. Das ist dann der klassische Fall eines politischen Kompromisses. Der politische Kompromiss bringt nicht sehr viele Wähler und noch weniger professionelle Kommentatoren zum Jubeln, aber er ist der zuverlässige Lastesel der Demokratie. Vielleicht kommt man mit ihm langsamer zum Ziel, aber er ist der einzige Garant dafür, dass man nicht von der Straße abkommt.

Die Sache mit der Angst
MARIE RINGLER

Wir alle haben hin und wieder Angst. Ich zum Beispiel gehe ungern durch dunkle, leere Straßen. Auch Autofahren in der Nacht bereitet mir großes Unbehagen. Ich habe auch manchmal Angst vor einem Auftritt. Davor, bei der Rede nicht zu bestehen, einen Fehler zu machen. Diese Angst ist eine Angst vor möglicher Enttäuschung, davor, nicht gut genug zu sein.

Es gibt Angst, die hat etwas mit unserem Überlebensinstinkt zu tun, und es gibt Angst, die hat etwas mit dem kleinen Kind in uns zu tun. Mit dem bedürftigen Kind, das gefallen will, geliebt werden will und das alles richtig machen will. Mit dem Kind, das leicht zu verunsichern ist. Keine Sorge, ich packe meine Küchenpsychologie gleich wieder weg.

Die Angst vor der Bedeutungslosigkeit

Aber es ist doch recht auffällig, dass die meisten Politiker, wenn man genau hinschaut, Angst haben. Weil sie keine Kinder mehr sind, ist das nicht so auffällig. Sie verstecken sich nicht hinter dem Rockzipfel der Mutter, im Gegenteil, sie freuen sich, wenn sie auf der Titelseite sind. Aber sie haben Angst vor Fehlern, sie wollen und müssen spüren, dass sie gemocht werden, dass sie ihre Sache gut machen, sie brauchen Bestätigung. Sie haben Angst vor Liebesentzug. Liebesentzug der Wählerinnen und Wähler. Liebesentzug der eigenen Partei. Liebesentzug der Journalistinnen und Journalisten. Und klar, sie haben Angst vor dem Verlust ihrer scheinbaren gesellschaftlichen Bedeutung und Wichtigkeit. Und damit sind wir wieder bei dem kleinen Kind, das gesehen und vor allem geliebt werden will.

Alle Politiker, die ich so in meinem Leben getroffen habe, hatten mal zu Beginn ihrer politischen Karriere eine Vorstellung von dem, was sie ändern wollten. Manchmal ging's um kleine Dinge, wie den Park vor der Haustüre, aber oft auch um große Visionen, wie man die Welt besser macht.

Nun, um die Welt besser zu machen, muss man ja eigentlich nicht Politik machen, sondern man könnte auch Elternsprecherin oder Kindergartenpädagoge werden, man könnte eine Firma gründen und ein guter Chef sein und man könnte ein innovatives Produkt auf den Markt bringen, das das Leben vieler Menschen zum Besseren verändert. Dafür, dass auch das gute Möglichkeiten sind, die Welt zu verändern und besser zu machen, gibt es aber in Österreich nicht ausreichend Anerkennung. Also werden die Leute Politiker.

Es gibt wahrscheinlich noch einen Grund, warum Menschen Politikerinnen und Politiker werden: Weil sie eitel sind, ein kleines bisschen zumindest. Eitelkeit ist zwar angeblich eine Todsünde, aber doch recht weit verbreitet. Und Eitelkeit hat wieder etwas mit Bestätigung zu tun. Denn wer eitel ist, braucht viel Bestätigung dafür, dass er oder sie schön, klug und einflussreich ist, geliebt und gesehen wird.

Wenn man also viel Bestätigung braucht, um sich „ganz" zu fühlen, dann hat man meistens auch viel Angst davor, diese Bestätigung nicht zu bekommen. Eine Abwärtsspirale.

Wenn ich in meiner Funktion als Geschäftsführerin in einer internationalen NGO heute in einer Sitzung mit meinem CEO einen Fehler mache, dann wissen das er und ich. Ich fühle mich nachher wahrscheinlich trotzdem schlecht, aber meine Demütigung bleibt unter uns. Wenn Politiker Fehler machen, dann wissen das ganz schnell ganz viele Menschen. Die Demütigung, die Enttäuschung ist öffentlich. Und das ist für eitle, ängstliche Menschen besonders schlimm. Also versuchen sie mit aller Kraft, die ihnen ihre Angst gibt, keine Fehler zu machen.

Angst ist ansteckend

Angst ist, wie wir wissen, zumeist kein guter Ratgeber, außer vielleicht, man läuft vor einem Tiger davon. Aber selbst dann wäre es manchmal besser, sich auf den Baum zu flüchten, als weiterzurennen.

Angst vor Bedeutungsverlust und Liebesentzug ist ein noch schlechterer Ratgeber. Wenn man Angst hat, dann wird die Welt nämlich plötzlich ganz klein und man schaut nicht mehr nach links und rechts, sondern nur noch in den Tunnel rein.

Wenn man Angst hat, ist es schwer, kreativ und um die Ecke zu denken. Dann ist es auch schwer, etwas anderes als das Problem – also die Gefahr – zu sehen.

Angst ist außerdem ansteckend. Wenn Politiker Angst haben, dann überträgt sich ihre Angst meistens auf die Menschen, die ihnen zuhören. Und umgekehrt, wenn Wählerinnen und Wähler Angst haben, dann führt das schnell dazu, dass ängstliche Politiker noch mehr Angst bekommen. Angst vor der Angst ihrer eigenen Wählerinnen und Wähler also.

Der Kampf um das richtige Türschild

Als ich mit 24 vor der Frage stand, ob ich Politikerin werden sollte, hatte ich offen gestanden keine Ahnung, worauf ich mich einließ. Ich las schlaue Bücher zur Zukunft (und zur Vergangenheit) meiner Partei. Aber auch die Schilderungen von Herzinfarkten, die zu Argumenten für die Sicherung der eigenen Position in der Partei wurden, und komplexer Intrigen wappneten mich nicht für das Ausmaß an Niedertracht, das mir in den folgenden Jahren in der Politik begegnete. Vielleicht muss man das auch alles mal selber spüren, um zu wissen, was es wirklich mit einem macht.

Mit 24 hatte ich dieses herrliche Gefühl, dass mir die Welt zu Füßen liegt, und natürlich hatte ich ein gesundes Maß an jugendlicher Selbstüberschätzung. Plötzlich landete ich aber in einer Welt, in der nicht nur alle doppelt so alt waren wie ich, sondern in der es vor allem um die Bestätigung der eigenen Position ging. Ich stellte erstaunt fest, dass Titel auf Türschildern zu einer Sache von Leben und Tod wurden. Eine Sache, für die man Banden wie am Schulhof gründete, um sich mit den anderen in der Pause zu prügeln. Meistens wegen eines Jobs, der dem Anführer der Bande – erraten! – Bedeutung und Bestätigung sichern sollte.

Das soll jetzt nicht so klingen, als wäre die Politik ausschließlich Sucht nach Selbstbestätigung, denn das ist sie nicht. Aber sie ist ein System voller Schulhof-Bullies und angstgetriebener Menschen. Menschen nämlich, die die Abstiegsängste ihrer Wähler und Wählerinnen teilen.

So mancher Industriekapitän hat in den letzten Jahren die Erhöhung der Gehälter für Politiker gefordert, weil diese angeblich nicht genug verdienen und daher viele kluge Köpfe nicht in die Politik gehen würden. Erstens bin ich der Meinung, dass Politik zu machen, um viel Geld zu verdienen, keine gute Idee ist. Zweitens ist es aber auch so, dass der durchschnittliche Hinterbänkler als Politiker mehr verdient als jemals in seinem bisherigen Job als Lehrer, Sachbearbeiter in einem Ministerium oder Landwirt. Und auch deshalb ist es für manche so fürchterlich schwierig, den richtigen Zeitpunkt zu finden, an dem es genug ist, an dem es gut wäre, aus der Politik auszusteigen. Nicht nur wird man nachher vielleicht nicht mehr zu all den tollen Empfängen eingeladen und hofiert, nein, man verdient auch weniger.

Es gibt also für die meisten Menschen keine guten Gründe, die Politik schnell wieder zu verlassen. Aber um in dem System längerfristig bestehen zu können, muss man Fehler vermeiden und unablässig die eigene Angst vor dem Abstieg niederringen, indem man sich Titel sichert, Schattenkämpfe ausficht, sich damit Applaus von außen holt und das eigene Bild ganz oft in der Zeitung sieht. Das gelingt zumeist aber nur zu einem hohen Preis: andere fertig zu machen und sich dadurch selbst zu erhöhen.

Nun, haben Sie kein Mitleid mit Politikern! Sie sind erwachsene Menschen und wissen zumeist, worauf sie sich einlassen, oder zumindest finden sie es irgendwann heraus und können dann jederzeit eine Entscheidung für oder gegen das System treffen. Auch wenn sie dafür über ihre eigene Angst vor dem Bedeutungsverlust hinauswachsen müssen.

Warum gute Ideen gefährlich sind

Die Sache mit der Angst hat aber noch viel weitreichendere Konsequenzen als jene für die psychische Gesundheit von Politikerinnen und Politikern. Die Sache mit der Angst fördert nämlich die Mittelmäßigkeit und die „Ja-Sagerei", und das ist das eigentliche Problem.

In einem System, in dem ganz viele Menschen unablässig Angst haben, ist für neue Ideen, für offene, kontroverse Diskussionen, für Querdenkerinnen und Querdenker, für Menschen mit einer Vision kein Platz. Sie stellen nämlich eine Bedrohung für die Bedeutung der Ängstlichen dar, weil sie mehr Aufmerksamkeit bekommen, weil sie den Status quo hinterfragen.

Wer besonders gute Ideen hat in diesem System, wer besonders viel Zuspruch von außen bekommt, der wird zu einer Bedrohung im harten Konkurrenzkampf gegen den Abstieg. Wer den Kopf raussteckt, der wird bald um einen Kopf kürzer gemacht.

Der Weg zu einer neuen Mut-Kultur

Was also tun? Nun, Psychotherapie auf Krankenschein für alle Politikerinnen und Politiker wäre vielleicht eine erste Möglichkeit, vermutlich auch eine ziemlich gute Pointe am oft zitierten Stammtisch. Verhaltensänderungen sind aber natürlich auch ohne vorhergehende Krankschreibung möglich, deshalb hiermit ein Plädoyer für einen radikalen Perspektivenwechsel.

Erstens, wir alle haben Anteil an diesem System. Als Wählerinnen und Wähler können wir uns jedes Mal beim Kreuzerlmachen die Frage stellen: Ist diese Politikerin, dieser Politiker bereit, für seine Ideale nicht nur in die Politik zu gehen, sondern sie auch jederzeit wieder zu verlassen? Hat dieser Politiker, diese Politikerin in ihrem Leben schon mal was anderes gemacht als in der „Blase" von Studentenpolitik, Kabinettsjobs oder Journalismus zu arbeiten? Ist er bzw. sie sichtbar bereit, sich mit Neuem zu beschäftigen? Ein Praktikum zu machen? Eine Auszeit von der Politik zu nehmen? Sucht er oder sie die ernsthafte Auseinandersetzung mit anderen Ideen als den eigenen?

Ist die Antwort „Nein", können Sie ziemlich sicher sein, dass sich die Person längerfristig ängstlich an ihr Mandat klammern wird, um den Preis der Unabhängigkeit, der besseren Lösung und der Veränderung.

Mit einem Wort: Wir sollten alle gemeinsam an einer gesellschaftlichen Übereinkunft arbeiten, dass man Politik besser nicht sein ganzes Leben lang machen sollte. Denn die Politik aufrechten Ganges und selbstbestimmt zu verlassen, gelingt derzeit noch nicht vielen.

Die alte Idee der Mandatsrotation war vielleicht gar nicht so schlecht. Ja klar, Politik ist auch ein Handwerk. Es braucht schon seine Zeit, bis man die Spielregeln verstanden hat und für die eigenen Zwecke nutzen kann, aber wenn man sie allzu sehr internalisiert, dann kommt auch nichts Gutes dabei heraus. Aus eigener Erfahrung würde ich sagen: Zehn Jahre sind genug.

Damit wir wegkommen von den Politikern, die ihr ganzes Leben in der Politikblase verbringen, braucht es aber auch Medien, die Politikern Mut machen, auch mal etwas anderes zu probieren. Die die Veränderung begrüßen. Und es braucht Arbeitgeberinnen und Arbeitgeber, die Politikern nach zehn Jahren harter Arbeit an der Gesellschaft eine Chance geben, etwas Neues zu machen.

Dieser Perspektivenwechsel würde uns zu einer neuen Mut-Kultur bringen: Heute ist der politische Alltag davon geprägt, dass sich Menschen gegenseitig den Kopf darüber einschlagen, wer die präzisere Definition des Problems hat. Natürlich ist es gut, wenn man das Problem versteht, das man zu lösen hat. Noch viel wichtiger ist es aber, Lösungen aufzuzeigen. Wir brauchen also einen Wettstreit der besten Lösungen. Und damit das klappt, auch eine Fehlerkultur. Denn wer sich etwas Neues traut, wird zwangsläufig Fehler machen. Heute zeigen wir mit dem Finger auf Patzer, wie damals am Schulhof. Morgen sollten wir fragen: Was kann ich aus dem lernen, was du aus deinem Fehler gelernt hast?

Das ist die neue politische Kultur, die ich mir wünsche. Denn gute Lösungen für unsere Probleme gibt es zuhauf, jetzt brauchen wir nur noch Politikerinnen und Politiker, die bereit sind, öfter mal was Neues zu probieren.

Still statt schrill

ALOIS STÖGER

Der 15. August 2014 war ein ruhiger Freitag. Auftakt zu einem langen Wochenende, der letzten sommerlichen Atempause, bevor mit dem Europäischen Forum Alpbach wieder der politische Regelbetrieb starten sollte. In die Stille dieses Wochenendes platzte – passenderweise mit einem Sommergewitter – die Abendausgabe der „Kronen Zeitung". Schon länger war die Frage diskutiert worden, wie nach dem viel zu frühen Tod von Nationalratspräsidentin Barbara Prammer Anfang August 2014 die Rollen innerhalb der SPÖ neu verteilt werden sollten. Aus der „Krone" erfuhr die Öffentlichkeit nun die Antwort: Die neue Nationalratspräsidentin sollte Doris Bures heißen, die neue Gesundheitsministerin Sabine Oberhauser – und der neue Infrastrukturminister Alois Stöger.

Das ruhige Wochenende war in diesem Moment ebenso vorbei wie das politische Sommerloch. Die Katze war aus dem Sack, das Land hatte eine neue politische Causa prima – bis etwa zehn Tage später der damalige Vizekanzler Michael Spindelegger seinen Rücktritt erklärte, aber das ist eine andere Geschichte.

„Aufstieg" des Sacharbeiters

Mein Rollenwechsel gab Journalistinnen und Journalisten die Gelegenheit, meine angeblichen Schwächen ausführlich auszuleuchten. Die Erzählung der politischen Chef-Kommentatorinnen und -Kommentatoren war schnell gestrickt: Ausgerechnet ich, der vermeintlich unauffällige Sacharbeiter im Gesundheitsressort, sollte – so die Wahrnehmung – „aufsteigen" in das mächtige bmvit. Angeblich eine reine Konzession an die oberösterreichischen Genossinnen und Genossen sowie an die Gewerkschaft, der parteiinternen Logik der Machtaufteilung folgend.

Als in den darauffolgenden Tagen jene Journalistinnen und Journalisten, die meine Arbeit im Gesundheitsministerium intensiv begleitet hatten, in die Tasten griffen, verschob sich plötzlich das Bild: Der Stöger, so hieß es, habe eigentlich einiges weitergebracht, habe mit Sitzfleisch und Uneitelkeit die eine oder andere Reform in die Wege geleitet, die bis dahin denkunmöglich schien.

Meine Art, Politik zu machen, ist eben nicht so schrill, wie sich das vielleicht so manche Medienmacherinnen und -macher wünschen würden. Im Folgenden möchte ich erklären, warum es für meine Vorstellung von nachhaltigen politischen Prozessen vor allem eines braucht: Beharrlichkeit.

Das polit-mediale Raum-Zeit-Kontinuum

Politik und Medien sind nicht gleich getaktet. Überspitzt gesagt: Wenn in der „Zeit im Bild" um 13 Uhr ein Problem thematisiert wird, dann wird oft erwartet, dass das Problem bis zur ZIB 1 um 19.30 Uhr gelöst ist. Nur: So funktioniert Demokratie nicht. Wer autoritär handelt, der kann Probleme scheinbar von einer Sekunde auf die andere „lösen", im schlimmsten Fall mit einem Schnellschuss, der oft als politische Metapher herhalten muss – ausgeliehen vom Vokabular der kriegerischen Auseinandersetzung. Demokratie braucht Zeit – für mich ist daher ein Schnellschuss die höchste Form der Undemokratie.

Ich verstehe Politik als Bereitschaft, Prozesshaftes zuzulassen. Diese Prozesse laufen in Zyklen ab, sie sind hin und wieder chaotisch, und manchmal verläuft man sich auch mittendrin.

Aber nur so kann sichergestellt werden, dass genug Zeit für Entwicklung bleibt; sowohl für die Sache als auch für die beteiligten Verhandlungspartner. Dabei gibt es Phasen, die ganz mühsam sind – und dann wieder läuft's einfach. Schließlich muss jemand so einen Prozess verfolgen, an den richtigen Stellen anstoßen und erkennen, wann eine Idee mehrheitsfähig ist, idealerweise über Partei-, Länder- und Organisationsgrenzen hinweg. Ermöglichen, entwickeln und verbinden – darin sehe ich meine Rolle, und die finde ich hochspannend.

In der Gesundheitsreform mit all ihren unterschiedlichen Stakeholdern gab es ein Momentum des politischen Konsenses – nämlich als alle Verhandlungspartner erkannt haben, dass das Wachstum der Kosten im Gesundheitsbereich das Wachstum des Bruttoinlandsproduktes auf Dauer nicht übersteigen darf; schlicht um das System, das so immens wichtig ist für die Österreicherinnen und Österreicher, finanzierbar zu halten. Gleichzeitig haben wir die unterschiedlichen Kulturen von Ländern, Sozialversicherungen und Bund in eine arbeitsfähige Form gebracht. Die Gesundheitsreform in all ihrer Komplexität war letztlich möglich, weil wir alle ein klares Ziel – und nicht bloß den kurzfristigen, tagespolitischen Erfolg – vor Augen hatten.

Im Raum-Zeit-Kontinuum von Tageszeitungen, Radio-Journalen, Fernsehnachrichten und sozialen Medien sind derart langwierige und schwer kommunizierbare Entscheidungsfindungen natürlich ein Störfaktor. Dann „geht nichts weiter" oder „stocken die Verhandlungen" – Sie kennen diese Verklausulierung der Ungeduld. In der medialen Welt braucht es immer schneller klare Antworten, während der Prozess Zeit braucht, um wirken zu können. Dieser Widerspruch ist nicht aufzulösen, schon gar nicht, wenn komplexe politische Botschaften auf die 140 Zeichen eines Tweets verkürzt werden sollen.

Dazu kommt ein weiteres Problem für die politische Kommunikation: Es gibt möglicherweise zur gleichen Zeit unterschiedliche Wahrheiten. Jede Lokalpolitikerin, jeder Lokalpolitiker entlang der Westbahnstrecke hätte gern, dass der Railjet in ihrem oder seinem Ort stehen bleibt. Gleichzeitig wollen Reisende in 2:22 Stunden von Wien nach Salzburg kommen. Beides ist legitim und logisch, es ist aber inhaltlich nicht vereinbar. Das Produkt solcher Widersprüche ist dann oft der unaufgeregte, schwer zu vermarktende Interessenausgleich – also der Kompromiss.

Der Aufklärung verpflichtet

In diesem Sinne kommt den Medien eine wichtige Rolle zu, die sie meiner Wahrnehmung nach immer weniger erfüllen (können). Das hängt nicht nur mit dem ökonomischen Druck zusammen, unter dem viele Medienhäuser stehen. Das Produkt Information verliert gegenüber dem Produkt Unterhaltung ständig an Bedeutung. Damit geht die mediale Transformationskraft, die Aufbereitung politischer Inhalte für die durchschnittliche Bürgerin, den durchschnittlichen Bürger verloren.

Pressefreiheit ist ein Produkt der Aufklärung. Daher muss eine Politik, die der Aufklärung verpflichtet ist, Medien in ihrer Rolle als Informationsvermittler ernst nehmen und ihnen offen begegnen. Das bedingt eine gewisse Kritikfähigkeit. Ich halte Kritik gut aus, wenn ich das Gefühl habe, sie ist fundiert, durchdacht, mit einer gewissen Sachkenntnis vorgebracht. Quote bringt das freilich keine – weder auf der politischen noch auf der journalistischen Seite.

Meine Rolle ist bloß geliehen. Ich bin für eine begrenzte Zeit mit einer Aufgabe betraut, und mehr noch: Ich bin, auch wenn das pathetisch klingen mag, der Anwalt der Massen. Für mich ist das freilich nicht gleichbedeutend mit Populismus, es ist vielmehr das Gegenteil: Ausgestattet mit einer Fülle von Informationen muss ich versuchen, einen Konsens darüber herzustellen, was in einer langfristigen Perspektive für die Menschen gut ist, wohin sich Politik entwickeln soll – im Einklang mit meinen Werten.

Es ist ein hehres Ideal, dass Menschen in einer Demokratie stets auf dem gleichen Informationsstand sind. Tatsächlich leben wir – auch was politische Prozesse betrifft – in einer arbeitsteiligen Gesellschaft. Das ändert nichts daran, dass der politische Diskurs auf Augenhöhe geführt werden muss.

Widersprüche aushalten

Das setzt voraus, Betroffene zu Beteiligten zu machen. Und das funktioniert nur, wenn in meinem Terminkalender Raum bleibt für vermeintlich „kleine" Anliegen. Ich gebe Ihnen ein Beispiel: Vor einigen Monaten war ich in der Steiermark unterwegs, Baustellenbesuch, Betriebsbesuch, das typische Bundesländerprogramm eines Infrastrukturministers. Zum Abschluss des Tages fuhr ich zu einem „Stammtisch" in einer kleinen Gemeinde, in der gerade ein großes Straßenprojekt realisiert wurde. Schon am Weg dorthin war mir klar: Das wird keine einfache Sache. Entlang der Bundesstraße waren zahllose Transparente angebracht, die Befürworterinnen und Befürworter sowie Gegnerinnen und Gegner des Schnellstraßenbaus hielten sich wohl in etwa die Waage.

In einem Gasthaus hatten sich an vier oder fünf Tischen Bürgerinnen und Bürger eingefunden. Ich ging von Tisch zu Tisch, hörte mir die Anliegen der Menschen an, erklärte ihnen unsere Intentionen. So ein Termin wird es niemals in eine „Zeit im Bild" schaffen. Aber für mich war er extrem spannend. An den steirischen Wirtshaustischen ist Politik zu einem Prozess geworden, an dem sich Bürgerinnen und Bürger beteiligen können; die Menschen vor Ort wurden von Objekten zu Subjekten des politischen Diskurses.

Ein Leitgedanke verbindet meine Tätigkeit im Gesundheits- und im Infrastrukturministerium: Mich interessiert nicht die Logik der Systeme; mich interessiert, was die Menschen brauchen. Das bedeutet freilich nicht, dass immer alle zufrieden heimgehen nach so einem Termin wie dem Stammtisch in der Steiermark. Es ist naheliegend, dass man es aus der Perspektive von jemandem immer falsch macht – und aus der Perspektive von jemand anderem richtig. Es ist ein wichtiger Teil meiner politischen Aufgabe, diesen Widerspruch auszuhalten. Wenn Beharrlichkeit wirken soll, dann darf man sich nicht so leicht irritieren lassen.

Zu viele virtuelle Entscheidungen

Meine ersten politischen Erfahrungen habe ich als Stadtrat gesammelt. Da gibt es in der Regel keinen Filter, keine Pressesprecherin und keinen Pressesprecher, kein vorgelagertes Büro, das Anfragen von Bürgerinnen und Bürgern beantwortet. Und obendrein lebt man selbst in dem Umfeld, das man gestaltet. Feedback gibt es dafür unmittelbar am Dorfplatz, wo man idealerweise in Ruhe miteinander plaudern kann, nachdem man um eine Entscheidung gerungen hat.

Viele Politikerinnen und Politiker, die ich bewundere und respektiere, sind in der Kommunalpolitik tätig. Denn in Summe sind Entscheidungen aus meiner Wahrnehmung oft zu anonym, nicht mehr zuordenbar. Wären Machtentscheidungen weniger virtuell, dann wäre unsere Welt eine andere – davon bin ich überzeugt.

Wer virtuell, von oben herab entscheidet, der will oft zerstören, damit etwas Neues entstehen kann. Ich finde das nicht gut und eigentlich auch nicht so spannend, denn eine grüne Wiese ist leicht bebaubar. Die bebaute Wiese zu verändern, darauf habe ich viel mehr Lust. Es ist wie in der Natur selbst: Die erfindet sich nicht jeden Frühling neu, sondern wächst ständig, wenn auch nicht immer an allen Orten im selben Maß. Wer Chaos, Kreativität, Ungleichzeitigkeiten zulässt, der findet am Ende Innovation. Die linearen Abfolgen, in denen wir gerne denken, die spielt das Leben meistens nicht. Es ist bunt, es ist nicht berechenbar.

Freiheit braucht Sicherheit

Diese Unberechenbarkeit macht zwei Themen wichtig, die seit Beginn meiner politischen Tätigkeit im Zentrum meines Handelns stehen: Individuelle Freiheit braucht kollektive Sicherheit. Das haben wir etwa im Gesundheitsbereich umgesetzt, beispielsweise indem wir die Finanzierung der Krankenkassen nachhaltig gesichert haben.

Im bmvit und bei den Infrastrukturthemen geht es im Kern ebenso um Freiheit: Mit der Straße und der Schiene geben wir den Menschen die Freiheit, sich von A nach B zu bewegen; sie können sich auf die kontinuierliche Instandhaltung und Erweiterung unserer Verkehrsnetze verlassen. Der Breitbandausbau wiederum bringt Menschen die Freiheit, zu leben, zu lernen, zu arbeiten, wo sie wollen. Ob jemand nun eine Vorlesung streamen oder die neueste Serie auf Netflix schauen will: Die Möglichkeit dazu soll es in Wien ebenso geben wie im Mühlviertel. Basierend auf Datenhighways, auf deren Stabilität man sich verlassen kann. Freiheit 2.0, wenn Sie so wollen.

Mich ganz persönlich macht mein stabiles Umfeld frei. Es

war nie eine bewusste Entscheidung, mein Privatleben aus den Medien herauszuhalten – es war vielmehr eine Selbstverständlichkeit, und ich habe da nie Übergriffe erlebt. Nach fast sieben Jahren als Minister gelingt es mir zwar zunehmend weniger, unerkannt irgendwo spazieren zu gehen; aber in meinem Leben muss es einen Raum geben, der nicht dem Politischen untergeordnet wird. Das macht letztlich frei.

Ich kümmere mich nicht um platte Zuschreibungen oder gar um Rankings – die dienen nur der Selbstbeschäftigung in einer rastlosen Zeit. Schnelllebigkeit und die daraus resultierende Vereinfachung schaden der Politik. In diesem Sinne kann ich den Titel dieses Buches ganz und gar unterschreiben: Dagegen sein ist nicht genug. Das Leben ist immer ein bisschen komplexer.

Plädoyer für einen neuen Kaffeehaus-Journalismus!

ANNELIESE ROHRER

Wenn in Österreich heute vom „politmedialen Komplex" die Rede oder die Schreibe ist, geschieht das meist in einem verächtlichen Unterton. Dann ist entweder die in Europa einmalige Medienkonzentration gemeint oder die Vermutung, die Redaktionsstuben des Landes würden von einer „linken" Mehrheit der Journalisten dominiert. Seit einigen Jahren ist diese Verachtung um die Facette der mit öffentlichen Mitteln via Inserate angefütterten Boulevard-Medien „Krone", „Heute" und „Österreich" reicher.

Inzwischen hat sogar Armin Thurnher vom „Falter" im September 2014 entnervt seinen Schlusssatz „Im Übrigen bin ich der Meinung, die Mediaprint muss zerschlagen werden" eingestellt. Er gab zwar die hehre Begründung an, die globale Mediensituation sei inzwischen eine andere, noch bedrohlichere, geworden und der „Mediamil-Komplex", wie Thurnher später schrieb, darin „ein Lercherl". 20 Jahre Aussichtslosigkeit auf Veränderung in der Medienlandschaft! Das hat wohl auch eine Rolle gespielt.

Die mediale Sonderanstalt Österreich

In Bezug auf die Medien war die Zweite Republik aber immer schon eine Sonderanstalt: Errichtet 1945, umgebaut Anfang der Neunzigerjahre, zehn Jahre später erweitert um die Bauteile Gratisblätter „Heute" und „Österreich". Wer sich über die österreichische Medienlandschaft heute wundert, sollte ihre frühe Ausformung mitdenken. Die Politik und ihre Vertreter haben nach 1945 Medien, ob Radio, Fernsehen oder Print-produkte, nie als Institutionen der Kontrolle und der Demokratie betrachtet, sondern immer nur als Erfüllungsanstalten für die Interessen der Parteien und Verbände.

So wurde die Landschaft mit Ideologie gedüngt und bringt bis heute seltsame Blüten hervor: Lange Zeit entsprach eine starre Einteilung des Medienmarkts der politischen Aufteilung der Republik in „schwarze", also ÖVP-affine, und „rote" Mediensegmente. „Presse", „Kurier", „Kleine Zeitung" auf der einen Seite, „Kronen Zeitung" in Gewerkschaftsnähe auf der anderen, der ORF als verlängerter Arm von Regierung und Parteien, eine Vielzahl von Parteizeitungen und Klientelprodukten. Die übrigen Verlage in Privathand „jenseits der Enns" (im historischen Demarkationssinn zwischen Ost- und West-Besatzung) publizierten lange Zeit nur in der Regionalliga.

Die erste Auflockerung erfolgte 1964 mit dem Rundfunkvolksbegehren, erzwungen von Printverlagen; die zweite mit der Gründung von „profil" und „trend" durch Oscar Bronner. Äußerst langsam begannen sich die Medien vom kooperativen Staat zu emanzipieren. Es sollte fast 20 Jahre bis zum nächsten Umbau der medialen Sonderanstalt dauern. Er war nicht etwa der Einsicht der Politik und ihrer Akteure geschuldet, sondern den wirtschaftlichen Notwendigkeiten der Verlage: Die „Westdeutsche Allgemeine Zeitung" (WAZ) expandierte nach Österreich, Oscar Bronner gründete den „Standard", die Brüder Wolfgang und Helmuth Fellner „News", der Styria-Verlag übernahm „Die Presse".

Damit änderte sich die Perspektive völlig: Printmedien generell – nicht nur die „Kronen Zeitung" – wurden zum Geschäft. Profit vor Politikinteressen, aber nie ganz frei von diesen. Am besten lässt sich die anhaltend freiwillige Nähe der Medien zur Politik in ihrer seltsamen österreichischen Ausprägung an zwei Beispielen darstellen. Diese zeigen zudem noch auf, wie wenig sich auch in den letzten 20 Jahren geändert hat: „News" wurde 1992 mit großem Pomp unter der Patronage des damaligen Bundespräsidenten Thomas Klestil im Palais Liechtenstein präsentiert, „Kurier" Chefredakteur Helmut Brandstätter ging 2014 in Begleitung von Bundeskanzler Werner Faymann auf Tour in Berlin, um sein Buch vorzustellen.

Der Teufelskreis der Medienkommerzialisierung

Anfangs setzte diese Kommerzialisierung am Printsektor ein, dann auch am elektronischen: 1995 werden Privatradios erlaubt, 1998 privates Fernsehen. Das Ganze eingebettet in eine für Europa ungewöhnliche Medienkonzentration. Bezeichnend dafür ist das Scheitern eines zeitgemäßen Kartellrechts 2001: Der „Mediamil-Komplex" mit „News", „profil", „trend", „Format", geplant von Wolfgang Fellner, wurde von der Regierung Schüssel I nicht verhindert. Die Politik war vor den Medien in die Knie gegangen – nach Drohungen, aus welchem Medieneck immer. Seither sind die Eigentümerstrukturen innerhalb dieses Komplexes so verschränkt, dass sich die verschiedenen Interessenslagen kaum mehr sinnvoll beschreiben lassen.

Es kann als Treppenwitz der Geschichte Österreichs angesehen werden, dass die Medienlandschaft heute ganz ähnliche Züge trägt wie jene bis zur Liberalisierung Ende der Achtzigerjahre: Die Politik „bedient" sich einzelner Printprodukte und sieht sie eher als privatwirtschaftlich getarnte Verkündigungsorgane an denn als Kontrollinstanzen im Sinn einer entwickelten Demokratie.

Und das funktioniert so, wie sich jetzt herausstellt. Seit 2012 müssen staatliche und staatsnahe Stellen ihre Inserate nach dem Medientransparenzgesetz offenlegen. Demnach wurden laut Medienbehörde seither 494 Millionen Euro Steuergeld für

Inserate ausgegeben. Dieser enorme Aufwand staatlicher und staatsnaher Stellen hat so etwas wie Hybrid-Medien geschaffen: Private kommerzielle Interessen bündeln und vermischen sich mit politischen und parteipolitischen Absichten. Man könnte es als Ironie des österreichischen medialen Schicksals ansehen, dass jene drei Printprodukte, die mit den höchsten Beträgen an Steuergeld via Inserate gefüttert werden, nämlich „Kronen Zeitung", „Heute" und „Österreich", auch die meisten Verurteilungen durch die wiederbelebte, wenn auch nicht sehr wirkungsvolle Selbstkontrolle der Medien, den Presserat, zu verzeichnen haben. Ein öffentlicher Diskurs darüber fehlt ebenso wie einer über gefälschte Auflagenzahlen zur Maximierung von Inseratenpreisen.

Seit sich auch in Österreich mit Beginn der Kommerzialisierung und unter Einfluss ausländischer Medienhäuser die Einstellung durchgesetzt hat, dass Medien ein Geschäft mit möglicher Gewinnmaximierung zu sein haben, ist es offensichtlich zu einem stillschweigenden und hoffentlich nicht abgesprochenen Übereinkommen zwischen Politikern und Verlegern gekommen: Politiker wollen es möglichst unkritisch, Verleger möglichst billig.

Seither bewegen sich Politik und Medien in zwei unterschiedlichen (Teufels-)Kreisen, wobei sie aber aufgrund der historischen Gegebenheiten nie auf die für die Demokratie notwendige Distanz zueinander bedacht waren.

Für die Medien hat der Teufelskreis mit der – allerdings zum damaligen Zeitpunkt schon überfälligen – Kommerzialisierung eingesetzt. Vergrößert wurde er durch die totale Veränderung der Medienwelt per Digitalisierung und die Tatsache, dass diese von den meisten Verlagen nicht erkannt worden war. Das erhöhte den wirtschaftlichen Druck.

Er zwang die Verlage zu Einsparungen mit dem Effekt, dass überall das Gleiche publiziert wird. Das macht die einzelnen Medien für den Konsumenten uninteressant, höhlt das wirtschaftliche Fundament weiter aus, zwingt zu mehr Einsparungen im Redaktionsbereich und überträgt den Löwenanteil der journalistischen Arbeit auf unerfahrene, weil „billige" Medienmitarbeiter, weshalb die Produkte noch uninteressanter und im jeweiligen Segment uniformer werden, weshalb das Interesse der Konsumenten nachlässt, weshalb neue Sparwellen folgen und so weiter.

Das hatte und hat für die Politik den mehr als willkommenen Nebeneffekt, von erfahrenen und mitunter „furchtlosen" Journalisten nicht länger mit lästigen und insistierenden Fragen gequält zu werden. Oberflächliche Berichterstattung kann mit oberflächlicher Rechtfertigung des eigenen Handelns und oberflächlichen Inszenierungen bedient werden. Wenn von einem politischen Ereignis wie etwa Parteitagen, um nur ein einziges Beispiel zu nennen, mehr über das Auftreten, mehr über die Randerscheinungen, mehr über die Befindlichkeiten berichtet wird denn über harte Fakten oder Inhalte, sind Politiker auf der sicheren Seite.

In den letzten 15 Jahren hat sich die Praxis entwickelt, zu öffentlichen Auftritten wie Pressekonferenzen im politischen und wirtschaftlichen Bereich meist die jüngsten und unsichersten Berichterstatter zu entsenden – mit dem Auftrag, irgendeinen „Sager" aufzuzeichnen. In Wahrheit aber sollten, gerade in komplizierten Zeiten wie diesen, Veranstaltungen wie Regierungssitzungen, Bilanzpressekonferenzen, Fachpresseveranstaltungen mit den besten Köpfen besetzt werden – jenen, die auch imstande sind, die richtigen Fragen zu stellen und sich eben nicht mit Zitatensammlung zufrieden geben. Dazu haben die Jüngeren aber in den meisten Fällen weder die Kompetenz noch das Erinnerungsvermögen, noch die Selbstsicherheit.

Zu Beginn der Regierung Schüssel I gab es eine Phase, in der sich die Unwilligkeit, Rede und Antwort zu stehen, bereits abzeichnete. Damals kam eine Gruppe von innenpolitischen Journalisten überein, dieser Auskunftsverweigerung etwas entgegenzusetzen. Nach wenigen kurzen Besprechungen wurde das Thema wieder fallen gelassen. Es kam nie zu der angedachten Kooperation, durch Hartnäckigkeit der Verkündigungspolitik – oder eben dem Einsammeln von einigen „Sound bites" – ein rasches Ende zu setzen, um der Zukunft der Demokratie, der Kontrolle und der Transparenz willen.

Die Situation hat sich in den letzten 15 Jahren massiv verschlechtert. Oft entsteht bei öffentlichen Auftritten von Politikern der Eindruck, als hätten die meisten anwesenden Journalisten gar kein Interesse daran, das Gesagte zu hinterfragen. Vom ORF ist bei diesen Gelegenheiten nichts zu erwarten, für ihn geht es um Sekundensätze und sonst nichts. Den Politikern auch. Deshalb wäre mehr Nachdrücklichkeit von anderen Journalisten wünschenswert und notwendig.

Nicht angestellten Redakteuren wird zudem nur die tatsächlich veröffentlichte Anzahl an „Zeichen" abgegolten. Wer aber in kürzester Zeit den größtmöglichen Output an Zeilen zu liefern hat, wird an eigenständigen Berichten weniger Interesse haben als an Agenturmeldungen und vorgefertigten Texten. Der Politik kann diese Uniformität nur recht sein.

Die Angst der Politiker vor der Medienmacht

Die Situation wurde nach 2004 durch die Finanzierung des Boulevard-Journalismus mit öffentlichen Mitteln nochmals verschärft. Sie führt in dem kleinen Wirtschaftsraum zu einer Marktverzerrung, die den Sparzwang der anderen Verlage erheblich erhöht hat, weshalb sich immer mehr Journalisten in dem oben beschriebenen Teufelskreis von Oberflächlichkeit und Uniformität wiederfinden.

Jahrzehntelang war die politische Macht des Boulevard-Produkts „Kronen Zeitung" ein gefürchteter Faktor der österreichischen Innenpolitik. Politiker gingen reihenweise vor ihm in die Knie, ohne zu reflektieren, dass er nur wegen ihrer weichen Knie so stark war. Die Macht der „Kronen Zeitung" leitete sich weniger aus der Kampagnenfähigkeit des Blattes ab denn aus der Devotheit und der Furcht der Politiker. Beide trieben in den letzten sieben Jahren die seltsamsten Blüten, die gewiss sonst nirgends in Europa zu sehen waren.

Da war einmal der Brief des damaligen Bundeskanzlers Alfred Gusenbauer und des jetzigen, Werner Faymann, an die „Kronen Zeitung", in dem eine Volksabstimmung über die nächste Änderung des EU-Vertrages versprochen worden war. Wozu, ist bis heute nicht klar, denn eine Vertragsänderung ist nicht in Sicht. Es ging also mehr um ein demonstratives Einknicken denn um eine – auch nur parteipolitische – Notwendigkeit, führte aber zum Bruch der Koalition und vorzeitigen Neuwahlen.

Die andere Seltsamkeit betraf das Büro des Bundeskanzlers ab 2008. Werner Faymanns Pressesprecherin war die Ehefrau des Innenpolitik-Chefs der „Kronen Zeitung". Man muss sie nicht einmal beim Namen nennen, denn die Konstellation allein wäre in jedem anderen demokratisch gefestigten Land mit gesunder Distanz zwischen Politik und Medien schlechtweg undenkbar.

Tatsache ist aber, dass Eigentümer Hans Dichand nur so mächtig war, wie ihn Politiker bereitwillig sein ließen. Das stellte sich spätestens mit der Regierungsbildung von Schwarz-Blau im Jahr 2000 heraus, die gegen den erklärten Willen der Zeitung erfolgte. Die Macht als Mythos.

Dennoch wiederholt sich das Schauspiel jetzt wieder bei den Boulevard-Produkten „Heute" und „Österreich", die sich bei der Akquirierung öffentlicher Mittel per Inserate ähnlich verhalten.

Der sogenannte „Fellnerismus" des, sagen wir freundlich, kreativen Journalismus funktioniert seit den ersten „News"-Jahren nach einer ganz bestimmten Methode: Das Produkt setzt sich über die Spielregeln des landesüblichen Journalismus hinweg, wird mit allerlei Gewinn- und sonstigen Spielen, mit Geschenken und Gratisexemplaren in der Reichweite hochgezogen. Inhalt zweit-, wenn nicht sogar letztrangig. Aus der Reichweite leitet Fellner seine eigene Bedeutung und die des Mediums ab. Beide dienen als Druckmittel im Geschäfts-, sprich Inseratenbereich. Und zwar ziemlich kraftvoll, wie Betroffene erzählen. Diese Art des Mediengeschäfts – auch in ihrer weiblichen Variante bei „Heute" – kann jedoch überhaupt nur wegen der Feigheit der Politiker vor der Medienmacht existieren.

Inszenierung geht vor Inhalt

Damit wäre man beim (Teufels-)Kreis der Politik angelangt: Politiker sind in der heutigen medialen Situation nur mehr an der Wiedergabe ihrer Wortspenden interessiert und versuchen das vermeintliche Desinteresse an Kompetenz, Substanz und Inhalt politischer Botschaften für sich zu instrumentalisieren. Es hat sich die Überzeugung durchgesetzt, Erfolg habe nur, wer medientauglich ist. Und medientauglich ist, wer für politische Aussagen von den Medien nicht zur Verantwortung gezogen werden kann. Deshalb werden die Erklärungen immer uninteressanter, die Inszenierungen ohne Inhalt immer wichtiger. Das erspart schließlich, zu Ende gedacht, auch die Suche nach wirklich gutem politischen Personal. Weshalb die Kritik der Medien daran immer aggressiver wird, weshalb die Rekrutierung wirklich kompetenter Bürger für die Politik immer schwieriger wird, was wiederum die Aggressivität der Medien steigert und so weiter und so fort.

Journalisten haben allerdings keine Berechtigung, diesen Zustand zu beklagen. Ihr Kreis trifft sich nämlich an einem ganz entscheidenden Punkt mit jenem der Politiker: Die Medien haben in den meisten Fällen, fast möchte man sagen, freiwillig, aus den oben genannten Gründen die Kontrolle der Mächtigen aufgegeben. Wer seinen Journalisten aus ökonomischen Gründen keine Zeit für Hartnäckigkeit, für eingehende Recherche, für Nachdenklichkeit lässt, darf sich über die bereitwillige Aufgabe der Kernkompetenz nicht wundern.

Kann man es der Politik verdenken, wenn sie die Gelegenheit, sich dieser Kontrolle zu entziehen, wahrgenommen hat? Ja – in einer entwickelten Demokratie.

Bedeutungsverlust macht aggressiv. Daher wird das Bild, das viele Medien von der Politik zeichnen, immer negativer. Und das der Bürger deshalb auch. Wenn nur mehr von Unfähigkeit, Versagen und Schwachsinn berichtet und Scheitern beschrieben wird, setzt sich dieses Bild in den Hirnen fest. Aus diesem Grund dreht sich die Negativspirale bei der Auslese der Politiker auch ungebremst nach unten.

In Österreich bestand zu keiner Zeit, weder in der Politik noch – auch das muss festgehalten werden – in der Öffentlichkeit, ein gesteigertes Interesse an qualitativ hochstehendem Journalismus im Sinn von Sorgfalt, Transparenz, Verantwortung, Aufklärung.

Dennoch sind die jetzt so populären Klagen der Journalisten über den für die Größe der politischen Kaste in Österreich völlig unverhältnismäßigen Einsatz von Öffentlichkeitsarbeitern und PR-Experten fehl am Platz. Auch jene über die Priorität der Inszenierung vor dem Inhalt. Niemand hat den journalistischen Teil des politisch-medialen Komplexes gezwungen, die Kontrolle politischen Handelns freiwillig aufzugeben. Nicht einmal die oben beschriebenen wirtschaftlichen Zwänge.

Der Fluch des „Klick-Journalismus"

Dass die Politik den sogenannten „news circle", also die wichtigsten Nachrichten des jeweiligen Tages, bestimmen will und vor allem in Österreich bestimmen kann, weil unvorhersehbare Ereignisse selten eine Änderung erzwingen, ist legitim. Dass Journalisten und Medien sich davon bestimmen lassen, ist weitgehend ihr eigenes Versagen.

Kritisches Nachfragen mag zwar seit etwa 15 Jahren bei öffentlichen Auftritten entweder von der Nichtssagendheit der Antwort oder vom Zynismus der Politiker oft der Lächerlichkeit preisgegeben werden, verboten ist es allerdings (noch) nicht.

Journalisten sind in der digitalen Medienwelt, die ja auch Politikern zur Verfügung steht, nicht mehr die Gestalter des Informationsflusses. Sie haben keinen Einfluss darauf, wie viel politisches Personal zur Kontrolle über diesen Informationsfluss abgestellt wird; wie Politik über die sozialen Netzwerke, die aufgeblähten PR-Abteilungen, das Heer an Medienberatern und Konsulenten vermittelt wird. Man könnte auch sagen, das Heft wurde ihnen von zwei Seiten aus der Hand geschlagen: einerseits durch die ökonomische Entwicklung in den Verlagen, die Verschlechterung der Arbeitsbedingungen also, den Zeitdruck und den Mangel an Zeit. Andererseits durch die Nachrichtenverbreitung in Echtzeit auf allen digitalen Kanälen.

Von der Politik ist keine Änderung zu erwarten. Sie hat sich in dem medialen Dreieck von Geldzufuhr, Kritikmangel und Zeitdruck ganz behaglich eingerichtet. Von den Verlegern ist erst dann ein Umdenken zu erhoffen, wenn sie merken, dass sie sich ohne das Transparente, Außergewöhnliche, Überraschende langfristig die eigene Geschäftsgrundlage zerstören. Also wird es an den Journalisten liegen.

Sie können mit Verweigerung beginnen. Als erstes sollten sie sich dem Druck und der Verzerrung durch den Klick-Journalismus verweigern; die Anzahl der Klicks im Netz nicht länger zum Maßstab dafür nehmen, was berichtenswert wäre und was nicht. Denn es ist wahr, dass jene Beiträge die meisten Klicks erhalten, in welche die geringste Arbeit investiert wurde: Klatsch, Essen, Tiere! Sollen deshalb für die demokratische Entwicklung wichtige Beiträge gar nicht mehr verfasst werden?

Ein Beispiel aus dem Selbstversuch: Das wichtigste im Klick-Journalismus ist bekanntlich der Titel – schon allein aus technischen Gründen. Man verwende dort die Wörter Bundesverfassung, Föderalismus oder Dringliche Anfrage – nur als kleine Auswahl – und man kann sicher sein, dass der Tageszähler wenige bis gar keine Klicks ausweist. Oder, von der anderen Seite her erzählt: Nach der Ankündigung seiner Kandidatur für den Nationalrat erhielt Frank Stronach in allen Medien eine für die Bedeutung und die Größe seiner „Bewegung" außergewöhnlich hohe Aufmerksamkeit. Diese war nicht nur dem Neuigkeitswert geschuldet, sondern der Tatsache, dass es „so viele Klicks" gab. Das Argument, diese zeigten eben das große Interesse der Öffentlichkeit, lässt sich aber unschwer ad absurdum führen. Wären die Klicks der Maßstab journalistischer Arbeit, müsste man diese auf Klatsch, Essen und Tiere beschränken.

Die guten Geschichten findet man nicht im Netz

Dann müssten die Journalisten selbst dem in den letzten Jahren so beliebten Ich-Journalismus abschwören, der wiederum eng mit der Politik per Wortspende zusammenhängt. Nichts ist leichter erreicht als ein Zitat, das man dann zur Rechtfertigung für weit über die Bedeutung hinaus aufgeblasene Meldungen verwenden kann, bei denen leicht der Eindruck entstehen kann, der Autor, die Autorin sei wichtiger als der Inhalt.

Die Verschiebung der Gewichte von Nachrichten, Reportagen und Aufdeckung zur Befindlichkeit einzelner Journalisten hin war in den letzten Jahren schleichend, führte aber allmählich zur Aufgabe des Grundsatzes, dass Bericht und Kommentar streng zu trennen sind. Die eigene Meinung in den Bericht hineinzuschwindeln, wird nicht mehr als Verstoß gegen Qualitätsregeln geahndet, sondern geflissentlich übersehen. Das liefert der Politik aber mitunter die Rechtfertigung zur Informationsverweigerung.

Außerdem sollten Journalisten sich der Inhaltsleere verweigern. Wenn Fragen nicht beantwortet werden, wenn Transparenz verhindert wird, wenn Interviews weder Neuigkeits- noch Unterhaltungswert haben, sollte ihre Veröffentlichung abgelehnt werden. Das sei aus Gründen der Konkurrenz, des Respekts vor den Interviewten und der Planung nicht möglich, heißt es immer. Bewiesen ist es nicht. Was sollte es für ein Konkurrenzvorteil sein, wenn alle die wortgleichen informationsarmen Interviews veröffentlichen? Jener Journalist hätte einen Vorteil, der als erster sagt: „Tut mir leid, da ist nichts Berichtenswertes oder Neues dabei! Wir bringen das jetzt nicht." Und seine Zeit für die Suche nach einem außergewöhnlichen Bericht verwendet. Hier aber schließt sich vorläufig der Kreis zur ökonomischen Situation: Wenn vor allem die politische Berichterstattung davon abhängt, dass möglichst wenige Journalisten möglichst viel Platz füllen, bleibt für gut recherchierte „Platzhalter", also tagesunabhängige, aber interessante Geschichten, die man im Fall eines nicht publizierten Interviews veröffentlichen könnte, keine Zeit.

Das alles wird nur möglich sein, wenn Schluss ist mit dem, was man Autismus-Journalismus nennen könnte: das Verlieren im Netz, das Kleben am Bildschirm. Dort ist kein Narrativ zu finden, das die Konsumenten interessieren könnte. In Gesprächen, direkten Beobachtungen, tiefen Recherchen schon. Vielleicht sollte man zum Kaffeehaus-Journalismus zurückkehren. Begegnungen, Gespräche, Beobachtungen sind das Salz des guten Journalismus. Im Fall einer Exklusivmeldung wäre die Übermittlung vom Kaffeehaus in die Redaktion unter den heutigen technischen Bedingungen auch kein Problem.

Teil 2:
Wen wir brauchen

Politik muss persönlicher werden

ERWIN PRÖLL

Die Demokratie ist ein wertvolles Gut. Was aber, wenn die Wählerinnen und Wähler ihr zentrales demokratisches Recht nicht mehr wahrnehmen und immer seltener zu einer Wahl gehen? Es ist eine Frage, auf welche die Politik eine Antwort finden muss. Und die Zeit drängt, wenn man sich aktuelle Zahlen ansieht. In der Stadt Salzburg haben bei der letzten Gemeinderatswahl nur 49,7 Prozent der Wahlberechtigten von ihrem Wahlrecht Gebrauch gemacht. Auch bei anderen Wahlen im deutschsprachigen Raum ist der Trend ähnlich: So lag die Wahlbeteiligung in München bei 42 Prozent, in Köln bei 49,66 Prozent oder bei der Landtagswahl in Sachsen bei 49,1 Prozent. In Österreich gibt es vergleichbare Ergebnisse zum Beispiel bei den Gemeinderatswahlen in St. Pölten (58 Prozent), Graz (55,5 Prozent) oder Innsbruck (52,3 Prozent). Bei der letzten Europawahl lag die Wahlbeteiligung in Österreich gar nur mehr bei 45,7 Prozent.

Gab es vor Jahren bei sinkender Wahlbeteiligung einen Aufschrei in Medien und politischen Kreisen, so wird dieser Umstand heute fast schon als selbstverständlich abgetan. Das ist er jedoch keineswegs. Mit ein Grund für diese Entwicklung ist die Distanz von Politik und Bevölkerung, die in den Augen vieler Wählerinnen und Wähler immer größer wird. Dem müssen gerade wir uns als politische Akteure stellen. Die Politik muss wieder verständlicher und verbindlicher werden. Die Politik muss insgesamt wieder persönlicher werden.

Die Person, nicht die Partei steht
immer mehr im Fokus

Schon jetzt merkt man, dass die Wichtigkeit von Parteien gerade in der Entscheidungsfindung bei Wahlen immer weiter in den Hintergrund rückt. Personen wandern dafür immer mehr in den Fokus der Wählerinnen und Wähler. Dafür gibt es auch aktuelle Beispiele, etwa aus Deutschland. Dort kommt die Konrad Adenauer Stiftung (KAS) in der Analyse der Bürgerschaftswahlen in Hamburg und vorangegangenen Kommunalwahlen zum eindeutigen Ergebnis, dass sich mit dem Schwinden der Stammwählerschaft immer mehr Wählerinnen und Wähler an den politisch Handelnden orientieren und weniger an den „politischen Details". Der stärkere Fokus auf die politischen Akteure hat aber nichts mit einer Entpolitisierung der Wahlen zu tun, wie die Daten der KAS zeigen: So neigen auch politisch stark interessierte Wählerinnen und Wähler eher zu einer Orientierung an Kandidatinnen und Kandidaten.

Auch in Österreich wird die Diskussion rund um eine stärkere Rolle von Persönlichkeiten bei den verschiedensten Wahlgängen geführt. So legte die Junge ÖVP im Jahr 2012 ein Demokratiepaket vor, welches vom Bundesparteivorstand der ÖVP auch beschlossen wurde. Schon dieses sah eine Stärkung der Vorzugsstimmen innerhalb der Volkspartei nach niederösterreichischem Beispiel vor.

Auch im Evolutionsprozess der ÖVP wurde die Frage nach einer Stärkung des Persönlichkeitswahlrechtes thematisiert. „Soll sich die ÖVP für die Stärkung des Persönlichkeitswahlrechtes in Form eines verbindlichen Vorzugsstimmenmodells aussprechen? Das bedeutet: Die Kandidaten mit den meisten Stimmen erhalten das Mandat", lautete die Frage, die den Mitgliedern der Volkspartei zur Abstimmung vorgelegt wurde. Immerhin 87 Prozent der an der Bewertungsphase teilnehmenden Mitglieder haben diese Frage mit „Ja" beantwortet. Dieses Ergebnis hat sich auch im Hinblick auf den Bundesparteitag der Volkspartei niedergeschlagen. Bei den Änderungen des Organisationsstatuts ist auch die Einführung eines verpflichtenden internen Vorzugsstimmensystems für Nationalrats-, Landtags- und Europawahlen vorgesehen. Ein wichtiger und richtiger Schritt.

Beispielgeber Niederösterreich

Bezugnehmend auf die eingangs erwähnten Zahlen zur Wahlbeteiligung sieht man, dass ein modernes Persönlichkeitswahlrecht, wie es in Niederösterreich gelebt wird, auch ein gegenteiliges Ergebnis erzeugen kann. Bei der Landtagswahl 2013 in Niederösterreich nahmen fast 71 Prozent der Wahlberechtigten ihr Wahlrecht wahr, was eine etwa gleichbleibende Wahlbeteiligung seit 1998 (damals etwa 72 Prozent) bedeutet.

Nicht zuletzt deshalb wird gerade im parteiinternen Diskurs über die Rolle von Vorzugsstimmen Niederösterreich als Beispielgeber für ein modernes Persönlichkeitswahlrecht herangezogen. Das hat einerseits mit der gesetzlichen Ausgestaltung der Landtags- sowie der Gemeinderatswahlordnung zu tun. Andererseits wird auch das Beispiel der parteiinternen Wahlmodelle besonders hervorgehoben.

Modernes Persönlichkeitswahlrecht

Was das niederösterreichische Wahlrecht so besonders macht, ist die Devise „Name vor Partei". Schon jetzt zählen bei Landtags- und Gemeinderatswahlen Stimmen für Personen mehr als Stimmen für politische Parteien. Das trifft nicht nur zu, wenn es um die Zurechnung der Stimme zu einer Partei geht, sondern auch im Wert der Vorzugsstimme für den einzelnen Wahlwerber. Diese haben im gesetzlichen Wahlpunkteverfahren einen dreimal höheren Wert für den einzelnen Kandidaten bzw. die einzelne Kandidatin als eine Parteistimme ohne Vorzugsstimme. Das ist insofern wichtig, als aufgrund dieser Wahlpunkte die zu vergebenden Mandate den Bewerbern zugeordnet werden.

Das wird noch deutlicher, wenn man beispielsweise den Anteil der Vorzugsstimmen an den Stimmen für die Volkspartei in den einzelnen Bezirken aufzeigt. Dieser liegt zwischen 33 und 58 Prozent. Betrachtet man die Vorzugsstimmen, die für Wahlwerber auf der Landesliste der Volkspartei abgegeben wurden, ist dieser Anteil mit 61 Prozent noch höher. Insgesamt wurden 302.850 persönliche Vorzugsstimmen auf Landes- und 214.335 Vorzugsstimmen auf Bezirksebene vergeben.

Auf kommunaler Ebene ist es für die Wählerinnen und Wähler noch einfacher, eine Vorzugsstimme zu vergeben. Dort besteht die Möglichkeit für Wahlwerber, sogenannte nichtamtliche Stimmzettel zu drucken, deren Form und Beschaffenheit in der Gemeindewahlordnung genau geregelt ist. Darauf kann der Name eines oder mehrerer Bewerber stehen und so können Vorzugsstimmen vergeben werden. Jene Bewerber, die am amtlichen oder am nicht-amtlichen Stimmzettel genannt sind, werden bei der Vergabe der Wahlpunkte vorgereiht. Auch hier gilt: Dort, wo es um viel geht, wo die Bevölkerung zwischen unterschiedlichen Kandidatinnen und Kandidaten wählen und auswählen kann, hat das positive Auswirkungen auf die Beteiligung bzw. führt das zu einem höheren Anteil der Vorzugsstimmen am Parteiergebnis. Beste Beispiele dafür sind die Stadt Korneuburg, wo die Wahlbeteiligung entgegen des Trends um nur 0,6 Prozentpunkte zurückging, oder Gerasdorf bei Wien, wo der Anteil der Vorzugsstimmen am VP-Ergebnis bei über 50 Prozent liegt.

Attraktive parteiinterne Vorzugsstimmen-Modelle

Die Möglichkeit, Vorzugsstimmen zu vergeben, wird vor allem dann noch stärker genutzt, wenn man den Wählerinnen und Wählern die Möglichkeit lässt, auch ohne Rücksicht auf das Wahlpunktesystem mitzuentscheiden. Das ermöglichen sogenannte parteiinterne Vorzugsstimmen-Modelle, wie sie in der Volkspartei NÖ oft angewandt werden. Bei der Landtagswahl 2013 einigte man sich zum Beispiel auf eine Vergabe der Mandate in den Wahlkreisen, die sich rein an der Zahl der Vorzugsstimmen orientiert. Ein Modell, das ebenso bei der Nationalratswahl verfolgt wurde.

Auch bei den Gemeinderatswahlen 2015 gab es zahlreiche Gemeinden, die Vorzugsstimmen-Modelle in unterschiedlichsten Varianten verwendeten. So einigte man sich in einigen Gemeinden darauf, den Bewerber mit den meisten Vorzugsstimmen bei der Wahl zum Bürgermeister durch den Gemeinderat ins Rennen zu schicken. Andere wiederum machen die Zusammensetzung des kompletten Gemeinderatsteams von der Reihung durch die vergebenen Vorzugsstimmen abhängig.

So zeigen Vergleiche, dass gerade die Wählerinnen und Wähler der Volkspartei die Möglichkeit, eine persönliche Vorzugsstimme zu vergeben, bei den Landtagswahlen 2013 rege in Anspruch genommen haben: Auf Landesebene wurde bei mehr als 61 Prozent der Stimmen für die Volkspartei eine Vorzugsstimme vergeben. Bei 43 Prozent der für die VP abgegebenen Stimmen wurde eine Vorzugsstimme auf Bezirksebene vergeben. Bei der SPÖ liegt dieser Wert bei 24,5 Prozent, bei den Grünen bei 24 Prozent und bei der FPÖ bei 19 Prozent.

Persönlichkeitswahlrecht hält Kritikern stand

Trotz der weiter oben aufgezeigten Entwicklungen wird das Persönlichkeitswahlrecht in Niederösterreich immer wieder von Außenstehenden bzw. weniger erfolgreichen Mitbewerbern in Zweifel gezogen.

„Name vor Partei" verletzt das Homogenitätsprinzip nicht

So wurde zum Beispiel der Verfassungsgerichtshof (VfGH) seitens der Grünen Niederösterreich nach der Landtagswahl 2013 erneut mit der Frage befasst, ob das Prinzip „Name vor Partei" denn verfassungskonform sei und dem wahlrechtlichen Homogenitätsprinzip entspreche.

Der VfGH weist in seiner Entscheidung jedoch darauf hin, dass „das Homogenitätsprinzip bedeutet, dass die Landtags- und Gemeinderatswahlordnungen zwar den in Art26 Abs1 B-VG enthaltenen Grundsätzen (Anm.: „Der Nationalrat wird vom Bundesvolk auf Grund des gleichen, unmittelbaren, persönlichen, freien und geheimen Wahlrechtes der Männer und Frauen, die am Wahltag das 16. Lebensjahr vollendet haben, nach den Grundsätzen der Verhältniswahl gewählt"), nicht aber den für die Wahlen zum Nationalrat geltenden einfachgesetzlichen Bestimmungen entsprechen müssen. Darüber hinaus hält der VfGH fest, dass die Bundesverfassung keine ausdrücklichen Vorschriften über die Frage der Gültigkeit bzw. Zurechenbarkeit von Stimmzetteln insgesamt und der von Vorzugsstimmen im Speziellen enthält. Das bedeutet: Der Landesgesetzgeber hat sehr wohl den Gestaltungsspielraum, Elemente des Persönlichkeitswahlrechtes zu stärken.

Die Wähler nicht für dumm halten

Das Prinzip „Name vor Partei" sorgt nicht nur nach den Wahlen für Beschäftigung bei den Verfassungsjuristen, sondern auch im Vorfeld für viel Aufregung bei anderen Parteien. Immer wieder wird im Vorfeld von Landtagswahlen kritisiert, dass dieses Prinzip und die auf das Persönlichkeitswahlrecht abgestimmte Wahlwerbung der Volkspartei einer „Wählertäuschung" gleichkommen. Eine solche Klage der SPÖ Niederösterreich wurde 2008 ebenfalls abgewiesen.

Gleichzeitig ist aber auch klar zu sagen: Man soll die Wählerinnen und Wähler nicht für dumm halten! Denn das Prinzip „Name vor Partei" wurde bereits 2001 im Landtag – mit den Stimmen der SPÖ – beschlossen. Wer glaubt, dass die Wählerinnen und Wähler sieben bzw. zwölf Jahre nach dieser Beschlussfassung immer noch nicht über das Wahlrecht Bescheid wissen, zweifelt in Wahrheit an der Mündigkeit der Wahlberechtigten. Gerade als Landeshauptmann habe ich das notwendige Vertrauen in die Wahlberechtigten. Deshalb wird auch weiterhin der klare Grundsatz gelten, dass eine Stimme für einen Wahlwerber mehr zählt als die Stimme für eine wahlwerbende Partei.

Persönlichkeitswahlrecht bringt Vorteile

Damit steht fest: Das Persönlichkeitswahlrecht wird von den Wahlberechtigten angenommen und hält der Kritik an ihm stand. Eine Stärkung der Rolle von Persönlichkeiten macht aber vor allem eines: Sinn. Denn die Stärkung des Persönlichkeitswahlrechtes bringt Vorteile sowohl für die Bevölkerung, das politische System als auch für die Parteiorganisationen selbst.

Denn ein Symptom der Politikverdrossenheit ist ein Rückgang des Engagements in politischen Parteien. Von allen Seiten wird beklagt, dass es immer schwieriger wird, Freiwillige zu finden, die sich in ihrer Freizeit in den politischen Dienst an der Allgemeinheit stellen. Viele beklagen auch, dass es gerade in gefestigten Parteistrukturen keinerlei Mitbestimmungs- und

Aufstiegsmöglichkeiten gebe. Eine Stärkung des Persönlichkeitswahlrechtes würde dem entgegenwirken. Wenn Junge und Ältere, Männer und Frauen, Abgeordnete und Nicht-Abgeordnete in Wahlgängen mit den gleichen Voraussetzungen starten und es keinen Bonus aufgrund vorangegangener Leistungen oder Ähnlichem gibt, ist das Thema fehlender Aufstiegsmöglichkeiten aufgrund etwaiger Barrieren schlagartig kein Thema mehr.

Eine Stärkung der Vorzugsstimmen bringt daher eine höhere Leistungsbereitschaft in Wahlkämpfen, egal ob als Wahlhelfer oder als Wahlwerber. Wenn die eigene Leistung und nicht die zuvor festgelegte Platzierung über den Einzug in Gemeinderat, Landtag, Nationalrat oder ins Europäische Parlament entscheidet, dann ist der Anreiz um ein Vielfaches höher, auch alle Kraft in den Wahlkampf einzubringen. Wer nicht von Anfang an ausgebremst wird, kann Vollgas geben.

Noch größer ist die Chance für das politische System in Österreich. Denn durch eine Stärkung der Persönlichkeiten kann die gefühlte Distanz zwischen der Bevölkerung und „der Politik" verringert werden. Wer sich um eine Vorzugsstimme bewirbt, muss sich selbst und seine Politik sehr gut erklären, um das Vertrauen der Wählerinnen und Wähler zu erhalten. Nur wer es schafft, Politik verständlich zu machen und seine Anliegen entsprechend populär zu machen, kann dieses Vertrauen auch erhalten. Dafür ist es notwendig, auch schwierige Sachverhalte einfach vermitteln zu können. Wenn durch eine Stärkung des Persönlichkeitswahlrechtes Politik verständlicher werden muss, ist ein wichtiger Schritt gesetzt.

In diesem Fall muss die Politik auch noch verbindlicher werden. Wer in einem Wahlkampf klare Ansagen macht, muss diese in Folge auch anpacken und vertreten. Als gewählter Abgeordneter einerseits zu wissen, dass man Vertrauen aufgrund dieser Ansagen gewonnen hat, andererseits zu wissen, dass man durch diese Wählerstimmen gestärkt für ein Anliegen eintreten kann, führt zu einer Verbindlichkeit, die viele Wählerinnen und Wähler vermissen.

Mit dieser Verantwortung gegenüber den Wählerinnen und Wählern, die einen mit ihrer persönlichen Stimme ausgestattet haben, geht nicht nur im Wahlkampf ein höherer Informations- und Gesprächsbedarf einher. Wenn wir davon reden, dass Politik noch persönlicher werden muss, dann gibt es mit sozialen Medien wie Facebook, Twitter und wie sie nicht heißen einige gute Instrumente, um Grundlegendes kommunizieren zu können. Wir dürfen aber nicht davon ausgehen, dass erstens alles gelesen und zweitens alles verstanden wird. Wir dürfen auch nicht davon ausgehen, dass das Bedürfnis der Bevölkerung, dass der von ihnen gewählte Mandatar bzw. die von ihnen gewählte Mandatarin auch greifbar ist, mit einem Tweet oder einem Facebook-Posting befriedigt werden kann. Mit einer Stärkung des Persönlichkeitswahlrechtes wird das persönliche Gespräch auch wieder wichtiger, auch in der Bedeutung für den politischen Mandatar, wenn er bei der nächsten Wahl wieder um das Vertrauen werben will.

Es ist Zeit, das Persönlichkeitswahlrecht zu stärken

Das Persönlichkeitswahlrecht wird dort, wo es gelebt wird, schon heute von den Wählerinnen und Wählern stark genutzt. Die Stärkung der Persönlichkeiten zieht zwar einige Kritik nach sich, hält dieser aber inhaltlich und rechtlich stand. Wenn es gelingt, eine Stärkung des Persönlichkeitswahlrechtes herbeizuführen, kann dies unserer Demokratie gut tun und die Politikverdrossenheit abbauen. Das ist eine große Chance, und diese sollte man nutzen: Es ist Zeit, das Persönlichkeitswahlrecht zu stärken.

Restplatzbörse Politik

SUSANNE RIESS

Neben der Kirche ist die Politik eine jener Branchen, die aktuell wahrscheinlich die größten Nachwuchs- und Rekrutierungsprobleme haben. In der Schweiz werben die Kapuziner-Mönche sogar schon per Stelleninserat mit einer „Lebensstelle, die Spiritualität, Gebet und soziale Sicherheit bietet". Ein Modell auch für die Politik? Wie könnte ein solches Inserat für potenzielle Politiker aussehen?

„Wir bieten eine befristete Stelle mit hohem Reputationsrisiko und durchschnittlichem Gehalt. Vorausgesetzt wird ein absolut integrer Lebenswandel inkl. lückenlos untadeliger Vergangenheit. Flexible Integration in eine Parteiorganisation und hohe Flexibilität in Gesinnungsfragen sind für den Karrierefortschritt von Vorteil."

Überspitzt? Natürlich! Aber diese fiktive Ausschreibung ist nah an der Realität. In den verschiedenen beruflichen Stationen meines Lebens waren Personalmanagement und -planung immer ein wesentlicher Teil meiner Aufgabenbereiche: ob als Parteichefin, als für den gesamten Bundesdienst verantwortliche Ministerin oder jetzt als Vorstandsvorsitzende eines Unternehmens, in dem ich die Personalverantwortung für mehr als 2500 Mitarbeiterinnen und Mitarbeiter trage. Die Herausforderungen in diesen drei Bereichen könnten unterschiedlicher nicht sein. Gemäß der Themenstellung werde ich mich schwerpunktmäßig mit dem Vergleich zwischen Politik und Wirtschaft beschäftigen.

Am Anfang steht zunächst die Frage, woher rekrutiert wird. In der Politik ist die Antwort eindeutig: zum ganz überwiegenden Teil aus dem eigenen Apparat. Sehr zum Unterschied von Unternehmen werden Sie auf den Websites etablierter Parteien so gut wie keine Stellenangebote finden. Zwei seltene Ausnahmen sind die CDU, auf deren Seite man zurzeit einen IT-Entwickler und einen Mitarbeiter für das Kommunikationsteam Nordrhein-Westfalen sucht, und die Demokratische Partei in den USA, wo sogar führende Stellen im Marketing ausgeschrieben werden.

Braten im eigenen Saft

Ist die Kandidatensuche per Stelleninserat ein Rezept für die Zukunft? Nein, natürlich nicht. Es ist jedoch bezeichnend, dass Parteien im Regelfall auch bei der Besetzung operativer, gänzlich unpolitischer Funktionen fast ausnahmslos auf Leute aus dem eigenen ideologischen Lager setzen. Oder anders gesagt: Wer über keinen entsprechenden Stallgeruch verfügt, wird allein mit fachlicher Kompetenz nicht reüssieren. Im Vergleich dazu kann die Wirtschaft durch die offenen Ausschreibungen aus einem wesentlich größeren Reservoir an kompetenten Bewerbern auswählen.

Bei der Auslese für politische Funktionen aus dem Pool der Parteifreunde gibt es zudem ein weiteres Problem, das aus dem hehren, aber jeglichem Leistungsprinzip widersprechenden Modell der Basisdemokratie resultiert: Im Regelfall setzen sich bei parteiinternen Wahlen jene Kandidaten durch, die am meisten Zeit für die Partei und damit auch für die Eigenwerbung in diesem abgegrenzten Bereich haben. Wir reden hier also einerseits von Berufspolitikern oder Funktionsträgern aus geschützten Bereichen, andererseits – und leider gar nicht so selten – von Menschen, die in ihrem zivilen Beruf nicht übermäßig erfolgreich oder ausgelastet sind. Wer meint, das sei eine zynische Übertreibung, soll sich die Auswahlmechanismen in Parteien vor Augen halten.

Ein Beispiel: Kein Parteivorsitzender einer etablierten Partei kann die Kandidatenliste für eine Nationalratswahl selbst bestimmen. Solche Listen sind das Ergebnis kaskadenartiger Wahlgänge auf Gemeinde-, Bezirks- und Landesebene, dazu eines Interessenausgleichs zwischen Bundesländern, Vorfeldorganisationen (Frauen, Jugend, Senioren etc.), Wirtschafts- und Arbeitnehmerorganisationen oder ähnlichen internen Interessengruppen. Mit viel Glück bleiben für die Bundesparteiführung noch ein paar Restplätze auf der Bundesliste zu besetzen, falls die nicht auch noch für „verdiente", aber regional zu kurz gekommene Funktionäre zu reservieren sind.

Kein Unternehmer oder Manager könnte unter solchen Bedingungen erfolgreich eine Organisation leiten. Einer der zentralen Erfolgsfaktoren von Organisationen jedweder Art und Größe ist meiner festen Überzeugung nach das bestmögliche Human Ressources Management. Führungskräfte sind verantwortlich für die Erbringung von Leistung und Kreativität als wesentliche Parameter für den Unternehmenserfolg. Dieser Verantwortung kann man jedoch nur gerecht werden, wenn man eine aktive Personalplanung betreibt, Mitarbeiter systematisch fördert und weiterbildet, aktives Talentmanagement betreibt und ja, auch aktives Trennungsmanagement, wo es notwendig ist.

Um es an einem Beispiel ganz simpel zu sagen: Würden in einem Unternehmen neun Landesdirektoren in ihren jeweiligen Regionen für fünf Jahre gewählt und wären de facto unabsetzbar; hätten sie keine Mitverantwortung für das Gesamtunternehmensergebnis und läge es in ihrem eigenen Ermessen, ob sie die Unternehmensziele in ihrem Bereich unterstützen oder nicht, wie lange denken Sie, könnte ein solches Unternehmen erfolgreich im Wettbewerb bestehen?

Ja, natürlich ist Basisdemokratie eine wunderbare Vision, sie führt nur in der Praxis zu falschen Ergebnissen. Das wurde sogar in jenen Parteien schmerzhaft erkannt, die sie in bester Absicht idealtypisch verwirklichen wollten. Und ja, natürlich wollen wir eine repräsentative Demokratie, in der die politischen Entscheidungsträger die Vielfalt der Bevölkerung widerspiegeln. Aber es sollten eben nicht die emsigsten Parteifunktionäre, sondern die besten Repräsentanten der verschiedenen Gruppen und Interessen sein.

Mangelnde Durchlässigkeit

Die mangelnde Durchlässigkeit zwischen Wirtschaft und Politik halte ich für das größte Hindernis, wenn es darum geht, aktives politisches Engagement wieder zu einer attraktiven Karriereoption für Menschen außerhalb der klassischen Netzwerke zu machen. Die Ausübung einer politischen Funktion und das damit zwangsläufig verbundene Engagement für eine bestimmte Partei sind – anders als früher und auch anders als anderswo, etwa in den USA – echte Karrierekiller in der Wirtschaft. Für Menschen mit einem Angestelltenverhältnis in der Privatwirtschaft ist die Ausübung eines Mandats de facto überhaupt unmöglich geworden. Im Gegenteil, heute gilt es schon als anrüchig, neben der Politik in einem zivilen, privaten Beruf tätig zu sein. Neben Vertretern aus den klassischen Rekrutierungspools der Parteien, Sozialpartnerorganisationen und des öffentlichen Dienstes findet man kaum mehr von den Institutionen unabhängige Mandatare. Abgesehen vielleicht von dem einen oder anderen Millionär, der zusätzlich zum wirtschaftlichen Erfolg noch eine andere Form der Selbstbestätigung sucht. Ein Modell, das sich jedoch bislang auch noch nirgends bewährt hat.

Wirklich fatal aber ist die dramatisch sinkende Bereitschaft junger Menschen, sich in den klassischen politischen Institutionen zu engagieren. Und dies, obwohl keineswegs von einem sinkenden Interesse der jungen Generation an politischen Themen die Rede sein kann. Im Gegenteil. In Bürgerinitiativen, auf Social Media Plattformen und in NGOs ist das Engagement enorm. Der Glaube daran, im Rahmen einer klassischen Parteikarriere Veränderungen bewirken zu können, ist jedoch so gut wie nicht mehr vorhanden. Und weitestgehend leider zu Recht. Nur in seltenen Ausnahmefällen gelingt es jungen Menschen, in politische Entscheidungsebenen vorzudringen. Ein Beispiel dafür ist Sebastian Kurz, der in zwei besonders sensiblen Themenbereichen, der Integrations- und der Außenpolitik, sogar den größten Zweiflern den Wind aus den Segeln genommen hat. Im Regelfall aber werden junge, aufstrebende und offenkundig ehrgeizige Kandidaten von den etablierten Platzhirschen mal für mehrere Jahre auf die Ersatzbank verbannt. Gerade diejenigen, die Mut und Willen zu Veränderungen haben, haben verständlicherweise nicht die Geduld, sich jahrelang die klassische Parteihierarchie hinaufzukämpfen. Und denen, die es versuchen, gehen unterwegs oft die Begeisterung und das Feuer verloren.

Wer will da rein?

Gerhard Schröder hat der medialen – und von ihm bestätigten – Überlieferung nach schon mit 18 Jahren an den Toren des Kanzleramtes in Bonn mit den Worten „ich will da rein" gerüttelt. Kennen Sie einen 18-jährigen kreativen jungen Burschen, der gern mit Werner Faymann tauschen würde? Zum Unterschied von manch anderen bin ich nicht der Meinung, dass der finanzielle Faktor das Haupthindernis bei der Rekrutierung von Top-Leuten für die Politik ist. Es ist vielmehr der teilweise menschenverachtende Umgang unter „Parteifreunden" und die mediale Häme, die beim geringsten Schwächezeichen losbricht. Kaum taucht ein neuer Name in der Politik auf, laufen die Telefone in den Redaktionsstuben heiß. Alle sind auf der Suche nach einem dunklen Punkt in der Vergangenheit: Ein Parkvergehen, einmal zu tief ins Glas geschaut, oder noch besser eine nicht solo verfasste Doktorarbeit, und schon ist der Skandal perfekt.

Welche Art von Politikern hätten wir denn gern? Das ist eine Frage, die sich jede Wählerin und jeder Wähler vor jedem Urnengang stellen sollte. Ich kann sie daher nicht allgemeingültig, sondern nur für mich persönlich beantworten: Ich hätte gerne Politikerinnen und Politiker, die keine Heiligen sind; die Fehler gemacht haben, dazu stehen und – vor allem – daraus gelernt haben; die etwas tun und nicht etwas sein wollen; die nicht von Coaches zu Kunstfiguren stilisiert wurden, sondern noch in ihrer Eigenart erkennbar, die noch „Typen" sind; die nicht ex cathedra dozieren, sondern bereit sind, ihre Glaubensgrundsätze permanent zu hinterfragen und – bei Bedarf – Irrtümer zu revidieren.

Solche Politiker werden wir aber nur bekommen, wenn wir Wähler haben, die nicht jene belohnen, die die meisten Hände schütteln, sondern diejenigen, die für die komplexen Herausforderungen des 21. Jahrhunderts (Finanzkrisen, demografische Entwicklungen, Migration etc.) am besten gerüstet sind. Das sind im Regelfall aber auch jene, die unangenehme Wahrheiten statt rhetorischer Placebos anzubieten haben.

Wie baue ich eine Partei?

Matthias Strolz

Achtung. Hier handelt es sich um eine Do-it-yourself-Bauanleitung. Der Autor übernimmt keine Haftung für die Qualität des entstehenden Produktes. Gewährleistungsansprüche werden abgelehnt. Die Erfolgsaussichten werden aufgrund statistischer Auswertungen als äußerst düster angesehen.

Falls Sie dennoch weiterlesen, gratuliere ich zu Ihrer Hartnäckigkeit, vulgo Entschlossenheit. Oder zu Ihrer Neugierde. Beides wichtige, wenn auch nicht hinreichende Qualifikationen für eine Parteigründerin, einen Parteigründer. Also, gehen wir's an! In zwei Schritten.

Schritt 1: Wie gründe ich eine Partei?

Huch, das ist einfach. Nicht nur der Frank hat's getan. Auch der Uwe und die Evelin. Genauso Afsaneh und Herbert. Weit über 1000 Österreicherinnen und Österreicher haben in den letzten Jahrzehnten eine Partei gegründet. Per 3.2.2015 waren beim Innenministerium 1007 Parteien registriert.

Die meisten waren wohl sehr beseelt von einer inhaltlichen Vision. Oder einer fixen Idee. Andere wollten wohl nur einen Rechtsträger für die Miete einer Immobilie etablieren. Wie auch immer, die Gründung ist einfach. Her mit einer Satzung; hin zum Innenministerium. Quasi erledigt.

Wobei ganz so einfach ist es dann doch nicht. Weil Partei ist nicht gleich Partei. Es ist zwischen wahlwerbender Gruppierung, einer politischen Partei und dem Parlamentsklub zu unterschieden.

Eine politische Partei ist analog zu einem Verein organisiert.

Das Parteiengesetz definiert nur minimale Kriterien für die Gründung. Es muss lediglich eine Satzung beschlossen werden. Diese ist beim Innenministerium zu hinterlegen und auf der Website der Partei zu veröffentlichen. Die Satzung birgt Informationen über die Organe der Partei und – so der Gesetzgeber – „deren Vertretungsbefugnis, wobei jedenfalls ein Leitungsorgan, eine Mitgliederversammlung und ein Aufsichtsorgan vorgesehen sein muss". Faktisch heißt dies, dass man mit drei Personen gut eine Partei gründen kann. Die kleine Mitgliederversammlung macht sich dann wohl zum Vorstand, Stellvertreter und Finanzreferenten. Klingt komisch, ist aber – ich spekuliere – sicherlich schon oft vorgekommen. Unerlässlich ist zudem, dass die Satzung Informationen über Rechte und Pflichten der Mitglieder, die Gliederung der Partei und Bestimmungen über deren freiwillige Auflösung enthält. Auch das sollte sich einrichten lassen. Schließlich kann man ja abschreiben.

Warum ein Mittelsmann her musste

Bei unserer Parteigründung haben wir die „Anmeldung" über einen Mittelsmann vorgenommen. Dieser war damals Student. Er checkte das formale Prozedere von unterwegs – aus Deutschland. Heute ist er übrigens mein Parlamentarischer Mitarbeiter. Es bleibt also alles in der Familie. Aber warum über einen Mittelsmann?

Mittelsmann deswegen, weil wir so einige Erlebnisse hatten. In der Anlaufphase unserer Parteigründung etablierten wir einen – von uns so genannten – „Parteivorbereitungsverein". Wir starteten mit einem zweitägigen Workshop in der Krainerhütte im niederösterreichischen Helenental. Wir waren rund 35 Personen; allesamt Leute, die entschlossen waren, die Zuschauersessel zu verlassen und nun selbst in der Politik anzupacken. Schon dort waren wir uns einig, dass wir bei der medienöffentlichen Parteigründung ein Programm präsentieren wollten. Schließlich sollte der interessierten Öffentlichkeit klar vermittelt werden können, wofür wir stehen. Sie meinen, das klingt logisch? Nein, nicht zwingend, wie das Leben lehrt. Parallel zu unserer Gründung hatte ja ein anderer einen anderen Weg gewählt: Er gründete mal munter eine Partei, warf mit Millionen um sich, sammelte Glücksritter und kündigte an, das Programm später nachzureichen. Es werde noch von Experten geschrieben. Das Programm war vorerst er.

Das hielten wir für eine wilde Verirrung und auch für demokratiepolitisch bedenklich. Der Ansatz von NEOS war von Beginn an folgender: Wir begreifen uns als Bürger_innenbewegung. In den neun Monaten bis zur offiziellen Parteigründung investierten wir als wertebasierte, offene Bewegung über 50.000 ehrenamtliche Stunden in unsere inhaltliche Vision, in die Programmerstellung. Bis zum Wahltag – rund eineinhalb Jahre nach unserer ersten Zusammenkunft – waren es bereits über 250.000 ehrenamtliche Stunden.

Warum man sich die gemeinsame Basis nicht kaufen kann
In dem dreiviertel Jahr bis zur offiziellen Vorstellung unserer Bewegung wuchsen wir von zwei Initiatoren auf über 300 Leute an. Mir war von Beginn an klar: Wir müssen uns unsere inhaltliche Sendung gemeinsam erstreiten. Nur dann würde sie tragend sein. Zusammenstreiten – im besten Sinne des Wortes. Nur durch dieses gemeinsame Ringen und die damit verbundenen wechselseitigen Zumutungen würden wir ein solides inhaltliches Fundament und eine verlässliche Beziehungsbasis ausbilden können.

„Österreich erneuern!" klang und klingt es durch die Seminar- und Konferenzräume, in denen wir uns treffen. Unsere Überzeugung: Der Zement einer politischen Bewegung sind gemeinsame inhaltliche Visionen und Ziele sowie wechselseitiges

Vertrauen. Beides kann man nicht kaufen. Man kann es sich nur erarbeiten. Dieser Zement kann weder durch Geld oder Macht, noch durch bekannte Gesichter ersetzt werden. Im Gegenteil: Geld und Macht – sowie vor allem der Kampf darum – würden mittelfristig wohl eher die zentrifugalen Kräfte bedienen. Wir hatten (vorerst) ohnehin kein Geld, dafür aber eine Gewissheit: Wenn unsere Bewegung über den Wahltag hinaus Bestand und Tragfähigkeit haben soll, dann gilt es, die Grundsteine bereits zu Beginn richtig zu legen. Vor allem in den Bereichen inhaltliche Vision, Struktur und Organisationskultur. Doch dazu später mehr in Schritt 2. Zurück zum Mittelsmann!

Als wir unseren Parteivorbereitungsverein bei der Behörde anmelden wollten, wurde beim ersten Anlauf der Name zurückgewiesen. Es gebe schon Vereine mit ähnlicher Bezeichnung. Die Verwechslungsgefahr sei zu groß. Das frustrierte uns und nährte den Verdacht, dass uns das Innenministerium nicht wohlgesonnen sei. Wir befürchteten, dass uns der gewünschte Name auch bei der Parteigründung untersagt werden könnte; vor allem dann, wenn klar sei, welche Personen dahinter stünden. Zudem verfolgten wir, wie ÖVP-nahe Agenturen sämtliche Webdomains reservierten, die Frank Stronach für seine Parteigründung ins Auge fasste. Auch das alarmierte uns.

Wie es zu Namen und Farbe kommt
Die Namensfindung ist kein triviales Unterfangen für eine Bürger_innenbewegung, die ihre Bezeichnung in einem größeren Kreis gemeinsam festlegt, diese dann im Web schützen muss und darüber hinaus den Sanktus des Innenministeriums braucht. Bei rund 1000 bestehenden Parteien war naheliegend, dass es auch beim Parteinamen die eine oder andere Verwechslungsgefahr geben würde.

Intern nannten wir unser Projekt in der Gründungsphase „phönix". Dieser Name wurde auch rasch in den Medien kolportiert. Daher schafften wir die Bezeichnung auch gleich wieder ab. Denn uns war wichtig, erst beim offiziellen Gründungskonvent voll medial aufzuschlagen. Wir wollten uns in Ruhe und jenseits des medialen Scheinwerferlichts vorbereiten. Deswegen wählten wir für den Parteivorbereitungsverein bewusst einen technischen Namen. Dieser sollte so sperrig sein, dass kein Medium ihn aufgreifen würde. Das gelang uns nach telefonischen Abstimmungen mit der Behörde im zweiten Anlauf. Wir waren die „Initiative Erneuerung und Stärkung der Demokratie in Österreich".

Kaum ein Medium hat diesen Namen je kolportiert. Die „stillen" Vorbereitungen dauerten dann auch nur ein paar Monate. Dabei war klar, dass der Parteiname bereits vor der öffentlichkeitswirksamen Geburt formal durch sein musste. Schließlich würde es keinen schlanken Fuß machen, eine Bewegung zu präsentieren, deren Name später von den Behörden aufgehoben wird oder deren Webadresse einem Mitbewerber gehört. Daher wurde die Partei „Das Neue Österreich" von einem Studenten eingereicht und mit 10. August 2012 auch ohne Probleme in das Register österreichischer Parteien aufgenommen. Es war also im Nachhinein betrachtet alles halb so wild.

Unser Parteikürzel NEOS präsentierten wir dann im Vorfeld unseres Gründungskonvents, den wir am 27. Oktober 2012 mit 250 Personen im Dachgeschoß der Urania in Wien beginnen. Auch das mit dem Kürzel war so eine eigene Geschichte. Denn ursprünglich wollten wir uns „NEU" nennen. Das klang vielversprechend. Man stelle sich den Dialog vor: „Was wählst du beim nächsten Mal?" „Keine Frage, ich wähle NEU!" Diese Vorstellung gefiel uns. Allerdings nur ein paar Tage. Und da ich schon einige Firmennamen mit erfunden und gemeinsam mit meiner Frau um drei Mädchennamen gerungen hatte, galt für mich eine eiserne Regel: Wenn ein Name jeden Tag schlechter wird, dann lass die Finger davon. Also war NEU bald tot, aber noch nichts Besseres in Sicht. Die zündende Idee kam schluss-endlich der Frau eines präsumtiven Vorstandsmitgliedes im Auto auf der Urlaubsfahrt nach Italien. NEOS – als Akronym für „Das Neue Österreich". Quasi logisch. Und eingängig.

Dann galt es noch, die Farbe auszuwählen. Hier stellten wir die Weichen am Rande eines Fotoshootings im siebten Wiener Gemeindebezirk – so ziemlich nebenbei. Wir waren schon etwas verzweifelt. Das erste Logo war komplett bunt, ein viel-farbiger Strichcode – die Farben aller Landeswappen auf dem Weg zu einem neuen Österreich. Aber es war rasch klar, dass die marketingtechnische Umsetzung schwierig sein würde. Auch dachten wir an Weiß – die mit der weißen Weste. „Ich wähle Weiß!" Auch nicht schlecht. Aber auch hier waren sofort Zweifel an der Umsetzung da. Der weiße Balken in der medial aufbereiteten Sonntagsfrage schien ebenso unwahrscheinlich wie eine bunte Prozentsäule. Im Stechen waren schlussendlich:

- Apfelgrün – etwas zu aggressiv und außerdem gibt's die Grünen schon,
- Violett – gefällt, aber gehört den Piraten, die zu diesem Zeitpunkt stärker waren als wir,
- Gelb – das war das LIF und mit dem hatten wir damals noch nichts zu tun,
- Petrol – außergewöhnlich, doch auch irgendwie düster bis depressiv und schließlich
- Pink – schon heftig. Aber was soll's!?

Tatsächlich gab es in den ersten Monaten wilde Proteste und E-Mails von honorigen Personen, die meinten, sie würden uns gerne wählen, aber eine Partei mit der Farbe Pink sei einfach nicht wählbar. „Zu schwul", „zu feminin", waren oft-mals zitierte Kritikpunkte. Nach dem zehnten Protestmail legte ich mir eine Standard-Antwort zurecht: „Frauen und Schwule herzlich willkommen! Wenn uns die alle wählen, dann fliegt das Ding." Insbesondere Männer über 50 hatten mit unserer Farbe gehäuft ein Problem. Mittlerweile hat sich das vollkommen ge-legt. Und einige Wahlkämpfe später ist klar: Pink is the colour of passion. Die geilste Parteifarbe der Welt. Dort, wo andere Plakate vor sich hinwelken, clashen unsere so richtig drauflos.

Gebettet zwischen Lebendigen und Toten

So viel also zu den größeren und kleineren Herausforderungen einer Parteigründung. Heute sind wir im Parlament, eine von sechs Fraktionen. Und friedlich gelistet, eine von über tausend Parteien in Österreich. Irgendwo zwischen vielen Karteileichen, aber auch durchaus staatstragenden Namen. Auch die Krea-tivität hat im österreichischen Parteienregister ein gutes Zu-hause. Ein paar Kostproben – auf www.oesterreich-parteien.at findet sich die gesamte Auflistung aller Parteien:

- UngüLtiG (Union nicht genug überdachten Lächelns trotz innerer Genialität)
- Partei für sexuelle Ausschweifungen (P.S.A.)
- IndianerInnenpartei mit Hausverstand Österreichs
- Hausfrauenkartell
- Autonom revolutionär subversiv chaotische Hackler Partei (A.R.S.C.H. Partei)

Bei einigen ist man wohl froh, dass sie keinen regen Zulauf haben:

- Bündnis radikaler Organisationen – (B.Ü.R.O.)
- Nationalistische Befreiungs Front
- Reichsvolksführungsbefehlsmacht
- Deutsch-Völkische Partei
- Marxistisch-Leninistische Partei Österreichs (MLPÖ)

Mit der Hinterlegung der Satzung beim Innenministerium ist die Partei als juristische Person also „fertig". Eine inhaltli-che Prüfung erfolgt nur dahingehend, ob der Parteizweck dem Strafrecht zuwiderläuft. Das würde dann an die zuständigen Stellen weitergeleitet werden. Aber ansonsten ist Österreich –

zumindest in diesem Bereich – super liberal. Als Echo auf die Erfahrungen vor 1945 wollte man auf Nummer sicher gehen, dass keiner Partei formelle Steine in den Weg gelegt werden.

Unter Fachleuten ist diese Praxis durchaus umstritten. In Deutschland müssen Parteien bei der Gründung schon ihre Voraussetzungen präzisieren und glaubhaft machen, dass sie zu Wahlen antreten wollen. Das wird in Österreich nicht geprüft. Als Antwort auf zahlreiche Korruptionsfälle brachte allerdings das neue Parteiengesetz mit 1. Juli 2012 mehr Kontrolle und Transparenz. So ist fortan von allen Parteien ein jährlicher Rechenschaftsbericht anzufertigen und dieser durch zwei Wirtschaftsprüfer zu bestätigen. Es wurde vorausgesagt, dass dies wohl zu einem Sterben der Kleinparteien führen werde, die diesen Formalismus nicht erfüllen wollen oder können. Das Parteienregister ist davon vorerst nicht beeindruckt. Aber das Parteien-Sterberegister ist aufgrund der Fristenläufe auch noch nicht wirklich eröffnet.

Über die Hochzeit multipler Persönlichkeiten

Um hier noch etwas Verwirrung zu stiften: Die Partei, die dann zu den Wahlen antrat, war nicht die Partei, die wir gegründet hatten. Denn zu Wahlen treten sogenannte Wahlparteien an. Das ist eine Wähler_innengruppe, die auf einer gemeinsamen Liste unter einer spezifizierten Bezeichnung kandidiert. Und in unserem Fall war es dann auch tatsächlich und bekanntlich eine Wahlplattform, auf der sich auch das Liberale Forum und die JuLis eingefunden hatten. Im Gegensatz zur politischen Partei, die als Rechtsperson und auf Dauer angelegt ist, etabliert sich eine Wahlpartei nur für eine bestimmte Wahl. Aber ja, in der Regel treten fast ausschließlich politische Parteien als Wahlparteien auf. Und später machten auch wir aus unserer Wahlplattform eine gemeinsame politische Partei. Eine Parteienhochzeit also – eine Rarität in Österreich. Meistens geht's in die Gegenrichtung: Die Spaltung ist der üblichere Vorgang. In der Regel bringt das wenig Schub.

Aber zum Glück lernen wir Geschichte. Die Grünen hatten es in den 80er-Jahren vorgehüpft. Nachdem sie 1983 mit getrennten Listen den Einzug in den Nationalrat verfehlt hatten, gelang ihnen mit Zusammenschlüssen 1986 der Eintritt mit acht Mandaten. Wir – so unsere Entschlossenheit – sollten das im ersten Anlauf schaffen. Und so war es auch. Mit der Nationalratswahl am 29. September 2013 zogen wir mit neun Abgeordneten ins Parlament ein. Und plötzlich waren wir auch ein Parlamentsklub. Dieser heißt dann meist auch noch so wie die politische Partei. Die Komplexität unseres neuen organisationalen Lebewesens wuchs sprunghaft. Damit wuchsen freilich auch unsere Möglichkeiten.

Über die Eigentümlichkeiten des Lebewesens Partei

So eine Partei im ausgewachsenen Zustand – ja, wir sind da noch unterwegs – ist eine ziemlich multiple Persönlichkeit. Da gehören natürlich die Landesparteien dazu. In unserem Fall auch einzigartig, weil sich unsere Landesgruppen als integraler Bestandteil der bundesweit agierenden Partei verstehen. Sie haben keine eigene Rechtspersönlichkeit. Wir wollen den dumpfen Föderalismus in Österreich nicht bedenkenlos nachhüpfen. Deswegen haben wir entschieden, dass wir bundesweit eine Partei sind und bleiben. Ich bin also nicht Bundesvorsitzender, sondern ich bin Vorsitzender. Sprachlich gibt es hier einige Herausforderungen. Denn wie sollen wir nun die zentrale Geschäftsstelle von NEOS nennen? Müssen wir die NEOSphäre jetzt auf Bundes-NEOSphäre umbenennen, nachdem sich die Wiener Landesgruppe mit der Wiener NEOSphäre ein eigenes Zuhause gefunden hat?

Den Namen „NEOSphäre" für unsere Zentrale ließen wir übrigens im Internet suchen und abstimmen, als wir unser erstes Büro bezogen. Crowd-Sourcing, Crowd-Intelligence und Crowd-Funding (allein in den ersten 18 Monaten zählten wir über 3000 Spenderinnen und Spender) bleiben bis heute und für ewig Kernelemente unserer organisationalen DNA. Bei der Online-Namensfindung waren damals neben „Politbüro" auch weitere Kandidaten dramatisch unterlegen. Ein guter Beleg für die Weisheit der Vielen.

A propos Crowd-Funding: Als weiteres Spezifikum gibt es uns auch als „NEOS X – das zehnte Bundesland". Das ist die Welt der Auslandsösterreicher_innen, von Peking bis San Francisco. Diese Gruppe organisiert sich analog zu den anderen Landesgruppen und ist auch im Erweiterten Vorstand repräsentiert. Mittlerweile hat das zehnte Bundesland sogenannte Chapters in 17 Ländern auf fünf Kontinenten gegründet. Eine Landkarte mit allen Chapters des zehnten Bundeslandes findet sich auf www.neos.eu/international.

Realpolitisch ist der Fokus – vor allem der mediale – natürlich stärker auf den Parlamentsklub als auf die politische Partei gerichtet. Im Parlament haben wir, zusätzlich zu den Abgeordneten, die meisten Ressourcen gebündelt und zählen mit einem Team von derzeit rund 30 Mitarbeiter_innen auch die meisten Angestellten.

Freilich ist die Dynamik für eine junge, erfolgreiche Partei eine hohe. Die Dinge sind laufend im Wandel. Da die öffentlichen Finanzierungen der Landesparteien gerade in Wien und Oberösterreich sehr hoch sind – obszön hoch, was wir mit Anträgen auf Senkung der Parteienfinanzierung laufend bekämpfen –, werden die anstehenden Landtagswahlen voraussichtlich die internen Ressourcenverhältnisse gehörig verschieben. Planmäßig. Denn wir haben uns vorgenommen, in diesem Jahr auf sämtlichen Ebenen gut Wurzeln zu schlagen. Dieses Vorhaben ist mit zwölf Wahlen flott unterwegs. Wir kandidieren in fünf Bundesländern bei Gemeinderatswahlen, bei den Wirtschaftskammer- und ÖH-Wahlen, bei vier Landtagswahlen sowie bei den Bezirkswahlen in Wien. Es gelingt nicht alles gleich gut, aber es wird. Schritt für Schritt.

Insgesamt sprechen wir intern – parallel zu den zehn Bundesländern – immer von „unseren 3+1 Entitäten". Es gibt uns also 3+1-mal. Nämlich

– als politische Partei – quasi das Mutterschiff,
– als Parlamentsklub – unser aktuelles Gravitationszentrum,
– als NEOS Lab – unsere Parteiakademie, die kraft Gesetz politischen Bildungszwecken dient, und, unser jüngster Zuwachs,
– als Europabüro, das wir nach Einzug in das EU-Parlament etablieren konnten.

Wir sind in drei Jahren von zwei Initiatoren auf mittlerweile knapp 2500 Mitglieder und rund 10.000 sogenannte NEOS-Freunde, Interessentinnen und Interessenten angewachsen. Das ist wohl das am schnellsten wachsende Start-up Österreichs. Mit allen Wachstumsschmerzen, die Start-ups so haben. Irgendwo zwickt es immer: inhaltlich, strategisch, strukturell, personell, motivatorisch, finanziell, in der Performance oder überhaupt. Klar ist:

Eine Partei gründen ist nicht schwer,
damit Erfolg haben hingegen sehr.
Daher auf zum zweiten Schritt.

Schritt 2: Was braucht meine Partei, um erfolgreich zu sein?

Auf die hier ausgeschilderte Leitfrage gibt es – erraten! – wohl über 1000 verschiedene Antworten allein in Österreich. Vorneweg müssen wir uns darüber unterhalten, woran Erfolg zu messen ist. Auch hier gibt es sicherlich unterschiedliche Maßstäbe. Für mich bedeutet Erfolg, wenn die Partei imstande ist, ihre inhaltlichen Ziele (zumindest teilweise) umzusetzen. Eine Partei ist für mich dann erfolgreich, wenn sie einen Unterschied macht – im Sinne ihrer Mission und Vision.

Nun wird es ebenso viele verschiedene Auffassungen darüber geben, was tatsächlich Erfolg beschert. Ich will von meiner Überzeugung und Erfahrung berichten, was ich für erfolgskritisch halte:

Ich verfasste meine Dissertation über systemische Organisationsentwicklung in politischen Organisationen und arbeitete mit meinem früheren Unternehmen über zwölf Jahre als Organisationsentwickler in Wirtschaft, Politik und Non-Profit-Organisationen. Als Systemiker betrachte ich Organisationen als Lebewesen. Mein Anliegen ist es, mit unserer Bewegung ein Lebewesen in die Entfaltung zu bringen; eine Organisation zu bauen, die sich als wertebasierte Partei stetig der Erneuerung Österreichs widmet und mit diesem Bestreben mein (politisches) Leben überdauert.

Schöpferische Kraft statt „Dirty Campaigning"
Natürlich gibt es auch viele Kräfte, die unserer Organisation nichts Gutes wollen. Allein in der Gründungsphase haben wir vieles erlebt, was man in einer aufgeklärten Demokratie eigentlich nicht für möglich halten sollte: Da wurde mit Drohungen aller Art gearbeitet. Mitglieder und Sympathisanten wurden durch öffentliche Arbeitgeber mit Kündigung bedroht. „Wir werden ihn in zwei Tagen umbringen, wenn's so weit ist", hieß es von höchster Stelle aus dem Parteisekretariat einer Regierungspartei in meine Richtung. Diese Botschaft wurde vor allem meinen Mitstreiterinnen und Mitstreitern mitgegeben, um uns zu entzweien und einzuschüchtern. Kandidatinnen und Kandidaten bekamen Steuerprüfungen, die ich für jenseits des Zufalls halte. Mir persönlich wurde ein Bankkredit abgedreht,

nachdem ich den Auftragseinbruch in meinem Unternehmen mit einem Eigentümerkredit für die Bezahlung der Gehälter überbrücken wollte. Das Ziel war, die führenden Köpfe unserer Bewegung materiell auf den Boden zu ringen. Das gelang knapp nicht und befeuerte jedenfalls unsere Überzeugung, dass Österreich etwas Neues braucht.

Wir beschlossen zudem – und werden dies beibehalten –, selbst nicht in den Schmutzkübel zu greifen. Harte Kritik und plakative Zuspitzung okay. Aber auf Zerstörung abzielende persönliche Untergriffe und systematisches „Dirty Campaigning" wird es von uns nicht geben. Manche politischen Beobachterinnen und Beobachter halten das für unprofessionell oder naiv. Ich halte es für einen wichtigen Teil unserer Mission. Wir haben uns verpflichtet, das Gemeinsame vor das Trennende, das Konstruktive vor das Destruktive, das Miteinander vor das Gegeneinander zu stellen. Wir konzentrieren uns daher mehr auf die Kultivierung unserer eigenen Stärken und weniger auf die Schwächen unserer Mitbewerber.

Vier Sphären praller Vitalität

Um die Lebendigkeit unserer Bewegung zu kultivieren, fokussieren wir insbesondere auf vier organisationale Sphären: Mein Organisationskonzept ist dabei stark vom „Systemischen Integrationsmodell" und vom „St. Galler Management Modell" inspiriert.

a. *Überzeugende Vision*
Die Mission klärt die Antwort auf die Frage „Wozu?". Die Vision klärt die Antwort auf die Frage „Wohin?". Je höher die Klarheit in diesen Fragen, umso kraftvoller wird das Tun (und Lassen) einer Organisation.

Wir sind davon überzeugt, dass Parteigründungen im 21. Jahrhundert keine ideologisch dogmatischen Unternehmungen sein sollen. Der fanatische Kampf der dogmatischen Ideologien hat im 20. Jahrhundert über 100 Millionen Menschen geschändet, vergewaltigt, ermordet. Dieses blindwütige Toben wollen wir nicht wieder mit aufladen. Wir sind gleichzeitig davon überzeugt, dass eine politische Bewegung ein unerschütterliches Wertefundament braucht. Jede Organisation braucht gemeinsame Referenzpunkte. Werte schaffen einen klaren Handlungsrahmen, ohne das individuelle, eigenständige Denken zu unterbinden.

Unsere Mission ist die Erneuerung Österreichs. Und unsere inhaltlichen Zielsetzungen bauen auf unseren Kernwerten Eigenverantwortung, Freiheitsliebe und Nachhaltigkeit auf. Zu diesen drei „inhaltlichen Stiftern" gesellen sich zwei „Haltungswerte", die unser Handeln auch stilistisch leiten: Authentizität und Wertschätzung. Entlang dieser fünf Kernwerte haben in den ersten drei Jahren Tausende Menschen mittlerweile über eine Million ehrenamtliche Stunden in die inhaltliche Entwicklung unserer Bewegung investiert. Allein derzeit arbeiten über 1000 Personen in über 120 Themengruppen auf Bundes- und Landesebene an inhaltlichen Lösungen für das Land und die Menschen. Unser Programmprozess ist ein steter – laufend und nicht alle 15 Jahre.

b. *Vitale Strukturen*

Hier geht es darum, die Aufbau- und Ablaufstruktur auf der Höhe der Zeit zu konzipieren, zu leben und ständig weiterzuentwickeln. Gerade eine aufstrebende junge Organisation muss sich auf den steten Wandel einlassen. Ein erfolgreiches Start-up wächst so rasch, dass es permanent in Hochwasser-Hosen herumläuft. Selbst die neuen Kleider von gestern sind morgen schon wieder zu eng und zu kurz.

So war beispielsweise die Umstellung von einer Team- auf eine Organisationsmetapher, sowohl in der Partei als auch im

Parlamentsklub, eine riesige Herausforderung. Die Professionalisierung und damit Hierarchisierung der Aufbauorganisation und die Etablierung von stets neuen und adaptiven Geschäftsprozessen anstelle informeller Routinen werden natürlich von manchen Mitarbeiterinnen und Mitarbeitern gleichsam als Liebesentzug erlebt. Der Zauber des Anfangs und die Gründungsromantik weichen fast überall der harten Knochenarbeit des Aufbaus. Es ist unsere große Aufgabe, für sachliche Leidenschaft „Gefäße" zu bauen. Und diese stetig neu anzupassen.

c. *Attraktive Kultur*

Die Attraktivität von Organisationen ist im Wesentlichen auch eine Kulturfrage. Die Organisationskultur ist jenes weitläufige Geflecht, in welches das soziale System eingewoben ist. Sie ist nicht immer explizit greifbar, aber sie ist immer bestimmend da. Sie birgt viele Facetten:

- Welche Haltungen, Glaubenssätze und Traditionen leiten unser Denken und Handeln?
- Welche formalen und informellen Spielregeln herrschen in unserer Organisation?
- Wie ist der Umgang miteinander?
- Wie kommen Entscheidungen bei uns zustande?
- Welchem Macht-, Führungs- und Kontrollverständnis verpflichten wir uns?
- Wie kommunizieren wir?
- Wie gestalten wir die Beziehungen intern sowie zu unseren relevanten Außenwelten?
- Wie gehen wir mit Konflikten um?
- Welche Geschichten erzählen wir uns in unserer Organisation?
- Welche Mythen und Symbole faszinieren uns?
- Welche Rituale und Routinen begleiten uns?

Sämtliche Aktivitäten in einer Organisation sind durch ihre

Kultur geleitet, beeinflusst und gefärbt. Zusammenfassend könnte man Organisationskultur mit dem Satz umschreiben: „Das ist, wie wir ticken. So machen wir das hier."

Eine ausführliche Darstellung dieser ersten drei Sphären – Vision, Struktur und Kultur – gebe ich in meinem Buch „Warum wir Politikern nicht trauen ... und was sie tun müss-(t)en, damit sich das ändert" (Wien 2011).

d. *Effektive Umsetzung in Spannungsbögen*

Die Arbeit als Change-Begleiter in großen, vielschichtigen Unternehmen und Organisationen hat mich gelehrt, zusätzlich zu den drei ausgeschilderten Sphären – Vision, Struktur und Kultur – stets auch eine vierte gut im Fokus zu behalten: die Umsetzung. Man muss die Dinge auf den Boden bringen. „Execution is where the rubber meets the road." Es geht um Effizienz und Effektivität.

Auch in diesem Feld sind wir ein hart arbeitendes Start-up. Da wird geschnitzt und gehobelt, gehämmert und geschärft. Dabei machen wir mächtig viele Fehler. Und behalten den Anspruch, denselben Fehler jeweils nur einmal zu machen. Die Lernkurve muss für ein Start-up steil sein; oder es wird nicht mehr sein. So ist das – in der Wirtschaft, im Sozialen und in der Politik. Hilfreich ist dabei unser Selbstverständnis als politische Entrepreneure. Wir handeln unternehmerisch und wir lernen rasch. Es ist Teil unserer DNA, anzupacken und umzusetzen. Das hat uns ins Parlament gebracht. Und das wird uns hoffentlich noch weit bringen – im Dienste der Bürgerinnen und Bürger dieses Landes.

Unsere Umsetzungen packen wir gerne in Spannungsbögen. (Dazu findet sich ein Kapitel in meinem Buchbeitrag „Eine pralle Mischung aus Idealismus und Professionalität" in Thomas Hofer/Barbara Tóth [Hrsg.]: „Wahl 2013. Macht, Medien, Milliardäre", Wien 2013. Der Beitrag ist auch zum

Download unter www.strolz.eu/publikationen verfügbar). Wir kombinieren bewusst Ansätze, die auf den ersten Blick als Widersprüche daherkommen. Aus diesen Spannungsbögen nährt sich jene Vitalität, die uns in innovative Tatkraft bringt und von der sich viele Wählerinnen und Wähler auch angesprochen fühlen. Dabei ist es wichtig, immer wieder bewusst Irritation zuzulassen. Das fiel und fällt uns auch nicht immer leicht. Doch wir provozieren es im Wissen darum, dass die Irritation die Mutter der Erneuerung ist. Daher ist es die Aufgabe einer Führungskraft, die Irritation immer wieder von der Peripherie in das Zentrum der Organisation einzuladen. Damit erzeugt sie Innovation. Wohldosiert, um nicht einen Overload oder Overkill zu verursachen.

Wir kombinieren beispielsweise erfahrene „Politschädel" mit „Frischg'fangten". Wir verknüpfen durch unsere offenen Vorwahlen Kooperation mit Konkurrenz. Wir verheiraten Idealismus mit Professionalität. Um solche Spannungsbögen aushalten zu können, investieren wir viel in unsere Kooperationsfähigkeit und Integrationskraft.

Politische Entrepreneurship ist gefragt!
Das hier ausgeschilderte systemische Organisationsmodell hilft als konzeptiver Unter- und Überbau insbesondere unseren Führungskräften. Aber freilich findet eine Partei einfach alltäglich statt – in einem hochkompetitiven Umfeld, jenseits theoretischer Modelle und Konzepte. Die große Herausforderung für eine entwickelte Partei ist die schier endlose soziale Komplexität. Parteien sind äußerst multidimensionale Gebilde.

Gerade an dieser sozialen Komplexität sowie an der eigentümlichen Betriebslogik und Organisationsdynamik von Parteien scheitern auch immer wieder erfolgreiche Unternehmer und Managerinnen, die davon überzeugt waren, so kurzerhand mal eine Partei auf die Bühne zaubern zu können. Es sind die gemeinsamen Ideale, die persönlichen Ambitionen, die machtpolitischen Spiele, die medialen Logiken, die thematisch-inhaltlichen Interventionen, die ökonomischen Sachzwänge, die tagespolitischen Verwerfungen, die strukturellen Spannungen, die persönlichen Freundschaften und Animositäten, die den Alltag einer Partei beherrschen. Das ist der Stoff, aus dem Parteien sind. Und diese Gemengelage ist nicht kontrollierbar. Man kann hier nicht befehlen. Aber man kann hinhören, hineinfühlen – und mit Umsicht und Entschlossenheit führen.

Eine Partei schillert in vielen erdenklichen Farben. Daraus ein stimmiges Gesamtkunstwerk zu machen, ist eine hohe Kunst. Dazu braucht es Leadership – politische, soziale und moralische Leadership. Auch die lässt sich nicht kaufen. Aber sie lässt sich kultivieren.

Politikerinnen und Politiker kultivieren soziale Felder. Es ist eine ihrer wichtigsten und vordringlichsten Aufgaben, mit der Partei ihr ureigenstes Feld zu kultivieren. Nur wer sein eigenes Haus gut bestellt, wird sich für die Bestellung der Geschicke unseres großen gemeinsamen Hauses der Republik nachhaltig empfehlen. Wohlan, lasst uns eine Partei bauen!

Keine Angst vor Emotionen – Politik der Hoffnung gegen das Spiel mit der Angst

STEFAN WALLNER

Krisen, wohin wir auch schauen. (Finanz-) Wirtschaft, Politik, Bildung, Arbeitsmarkt … Zeiten der Krisen und größerer Veränderungen sind Zeiten der Verunsicherung und Angst, aber auch Zeiten der Hoffnung und des Aufbruchs zu Neuem. In den letzten Jahrzehnten sind viele Hoffnungen auf die Gestaltungsfähigkeit von Politik geschwunden. Politik wird gerade auf europäischer Ebene zunehmend als „postdemokratische" Interessenpolitik im Sinne demokratisch entkoppelter AkteurInnen (Konzerne, Lobbys etc.) erlebt. In allen europäischen Ländern stehen progressiv-ökologische Parteien vor der Frage, wie sie in Zeiten der Unsicherheit Gestaltungsmacht (zurück-) gewinnen können, um eine nachhaltige und solidarische Zukunft zu bauen. Keine Angst vor Emotionen zu haben ist dazu ein zentraler Schlüssel.

Leben im Treibsand der Krisen

Die Gewitterwolken der Krisen unseres Wirtschafts- und Politiksystems entladen sich in immer kürzeren Abständen. Jeder wartet, wann und wo der nächste Einschlag kommt. Unsere Gesellschaft wird seit einigen Jahren von schweren Erschütterungen gebeutelt. Wegschauen geht nicht mehr. Das Pfeifen im Wald reicht nicht mehr als Fahrstuhlmusik im eigenen Aufzug nach oben.

Die Finanzkrise, die Energie- und Klimakrise, die Nahrungsmittelkrise in den Entwicklungsländern, kriegerische Konflikte, nicht enden wollende Flüchtlingskatastrophen. Sie alle bilden den immer lauteren „Soundtrack" des Lebens, der wie ein Tinnitus das alltägliche Leben auch im Herzen Europas permanent irritiert.

Vertrauen – das knappe Gut der Post-Demokratie

Wir spüren die schiefe Ebene. Es ist etwas außer Balance geraten. Wo wir früher festen Boden unter den Füßen hatten und klare Orientierung vermuteten, erleben wir jetzt Treibsand und einen Verlust der Koordinaten für den sicheren Weg in die Zukunft. Angst, Sorge und Hoffnung auf „das Andere" bestimmen den Blick auf die Zukunft und auf die Politik.

Die entscheidende Frage für BürgerInnen in dieser immer stärker als unsicher und unberechenbar erlebten Welt lautet: Wem kann ich vertrauen, wer macht oder besser „lebt" eine Politik, die diese Emotionen ernst nimmt und aufnimmt? Wem gelingt es, emotional anschlussfähig zu sein, wenn es um diese Sorgen, Ängste und Hoffnung geht? Es geht zuerst einmal um Emotionen, dann erst um Konzepte und Modelle.

Erfolgreiche progressive Politik sollte also die alte Weisheit beachten: In der Wahlzelle entscheidet der Bauch, das Hirn liefert meist nur die Begründung nach. Daher: Keine Angst vor Emotionen, wenn es darum geht, in Zeiten der Krise eine plakative, emotionale Politik der Hoffnung gegen die Angstmacher zu setzen.

Progressive Politik und der Populismus

Aber Achtung, die Alarmglocken des aufgeklärten, politisch interessierten Menschen läuten! Politik für „den Bauch"? Politik für „das Herz"? Wer das versucht, steht schnell unter Populismusverdacht. In der österreichischen politmedialen Blase kommt das einem zumindest intellektuellen, in der Folge meist auch politischen Todesurteil gleich. Während seit Jörg Haiders Aufstieg der Populismus der extremen Rechten mit Angstlust verteufelt und gleichzeitig damit dämonisch überhöht wurde und wird, versuchen progressive Parteien mit der Politikvermittlung der 80er-Jahre Wahlen zu gewinnen. Viele progressive Parteien haben dadurch in Europa an Boden verloren. (Ein Phänomen, dessen kommunikative Wurzeln und Auswirkungen in der Auseinandersetzung der Republikaner und Demokraten in den USA George Lakoff präzise analysiert hat und auf dessen Fundament auch die Erfolge von Barack Obamas großer Erzählung von „hope and change" gebaut wurden.)

Auch die Grünbewegung in Europa ist ins Stocken geraten. In den letzten Jahren waren die österreichischen Grünen die einzige Grünpartei, die systematisch Wahlen gewonnen hat und nicht nur zur Nr. 1 in Europa, sondern gerade auch zu einem völlig veränderten, neuen Faktor in Österreich geworden ist. Sechs von neun Landesregierungen werden von den Grünen mitgestaltet. Aktuell zeigt sich, dass Dämme des politischen Anstands brechen und weich gewordene Fundamente einer früheren Wertebasis von SPÖ und ÖVP von der tiefen wechselseitigen Abneigung und dem Machtkalkül weggespült werden. Die FPÖ wird von einem Blockadefaktor für neue Mehrheiten jenseits von Rot und Blau zu einer Option der unhappy prisoners SPÖ und ÖVP für die Entmachtung des „verfreundeten" Regierungspartners. Jene Partei mit Korruptionshintergrund, die mit der höchsten Kriminalitätsrate selbst ein Sicherheitsrisiko für jedes Land und jedes Budget darstellt, wird wieder hofiert. Die Lernkurve aus Schwarz-Blau ist auf vielen Ebenen gering.

Die solidarische Mehrheit versus extremistischen Minderheiten

Rechtspopulistische Parteien in ganz Europa versuchen derzeit eine Polarisierung zwischen der „einheimischen Bevölkerung" und MigrantInnen zu erzeugen. Diese versuchte Spaltung wird zunehmend religiös aufgeladen und richtet sich gegen „den Islam" als Projektionsfläche.

Tatsächlich gibt es allerdings eher eine Spaltung zwischen der großen Mehrheit der Bevölkerung, ungeachtet ob religiös oder säkular, die ein gemeinsames Zusammenleben will und lebt, und extremistischen Kleingruppen im religiös fundamentalistischen und extrem rechten Bereich, für die dieses Zusammenleben eine Bedrohung ihrer Ideologie darstellt. Genauso, wie sich die muslimische Großmutter oder das muslimische Mädchen mit Kopftuch vor den Anpöbelungen in der Straßenbahn oder vor Übergriffen rechtsradikaler Jugendlicher fürchtet, fürchtet sich die Großmutter im Gemeindebau vor „dem Fremden", dessen Bedrohlichkeit aus den Krisenregionen wie Syrien täglich via TV-Nachrichten im Wohnzimmer präsent ist.

Hier bildet sich eine „Interessenkoalition" von extremer politischer Rechter und religiösem Fundamentalismus. Fremdenhass und rechte Hetzreden gegen den Islam treiben den militanten Fundamentalisten ebenso Menschen zu, wie Terror und Gewalt zu einem Zulauf zu rechten Bewegungen wie PEGIDA und der FPÖ führen. Auch inhaltlich sehen wir hier eine Koalition der Intoleranz, die hineinreicht bis zu den gleichen realen und symbolischen Rechten von Frauen in der Gesellschaft (Bundeshymne) oder Homophobie. (Kein Zufall etwa, dass Conchita Wursts Songcontest-Sieg zu einem nie dagewesenen Shitstorm von zwei Seiten auf Straches Facebook-Seite geführt hat: vor dem Finale gegen die abschätzigen Angriffe gegen

Conchita seitens der Jungen, dann nach der zaghaften Gratulation an die Siegerin von Seiten der strammen Rechten.)

Europa des Miteinander als Ort der Hoffnung

Genau jenes Europa, das es geschafft hat, den Nationalismus zu überwinden, ist das Feindbild der Rechten, weil eine wachsende europäische Identität ihnen den historisch blutigen Nährboden entzieht.

Im Kampf gegen dieses gemeinsame Europa der individuellen Freiheit und der Menschenrechte bilden sich die abstrusesten Allianzen: etwa wenn der „russische Bär" mit der Spitze der FPÖ am Nasenring über das Parkett großrussischer Expansionsfantasien tanzt und John Gudenus sich in Moskau vor der allgegenwärtigen „Homo-Lobby" fürchtet. Ein Hohn der Geschichte, wie Karl Kraus ihn nicht besser schildern hätte können. Karl Kraus würde das in „Die letzten Tage der Menschheit" aufnehmen, getreu seinem Satz: „Die grellsten Erfindungen sind Zitate."

Europas Legitimation ist angreifbar geworden

Doch Europa bietet Angriffspunkte. Wir reisen ohne Grenzkontrollen, bezahlen oft mit der gleichen Währung, arbeiten international und lernen europaweit. Europa ist Symbol für Frieden und Freiheit. Zugleich wird die europäische Idee bedroht. Unter dem Druck Tausender Lobbyisten bemächtigen sich multinationale Konzerne des europäischen Projekts und bedrohen Umwelt, Wirtschaft, Arbeitsmarkt und unsere Grund- und Menschenrechte: Atomkonzerne, die weitere AKWs errichten und öffentlich subventionieren lassen wollen. Die

Kohleindustrie, die die erneuerbare Energiewende bekämpft. Kapitalmarkt-Akteure, die keine Finanzmarktregeln wollen. Steuerprivilegierte, die Steueroasen schützen wollen. Rüstungskonzerne, die eine aktive friedenspolitische Rolle Europas unterminieren. Agrarkonzerne, die Saatgut-Vielfalt einschränken wollen und die Bienen bedrohen. Während wir mit Steuergeld Banken retten und aufgehört haben, Korruptionsfälle zu zählen, drohen uns die Mittel für Investitionen in Jugend, Bildung, soziale Leistungen zu fehlen. Auch das ist Europa, in seinen wirkmächtigen Schattenseiten. Hier gilt es, die Konzerne und Lobbyisten als Gegner eines ökologischen, solidarischen und demokratischen Europa auch klar zu benennen.

Es gibt kein Thema, das in den letzten fünf Jahren dem Ansehen der demokratischen Institutionen auf europäischer Ebene mehr geschadet hätte als der Fall Strasser. Was gibt es in einer demokratischen Volksvertretung Schlimmeres als Stimmen- und Gesetzeskauf durch Lobbys? Die Selbstverständlichkeit eines „Of course I am a lobbyist" hat nicht nur einen „special smell", sie ist Sinnbild dafür, weshalb sich Menschen enttäuscht von der Politik abgewandt haben. Das in einem Europawahlkampf nicht direkt anzusprechen, wie es die Grünen etwa mit dem Plakat „Menschen sind wichtiger als Lobbys" gemacht haben, wäre, „den Elefanten im Raum" zu leugnen. Über die konkrete Form der Umsetzung kann man zu Recht geteilter Meinung sein, aber Verdrängung ist auch in der Politik kein heilsamer Prozess.

Unser Europa ist ein emotionales Thema. Gerade jetzt dürfen wir jene Werte der Freiheit und Weltoffenheit, die wir verteidigen wollen, nicht verraten. Gerade jetzt brauchen wir mehr Demokratie, mehr Menschlichkeit, mehr Weltoffenheit, mehr Solidarität in Europa.

Mit diesem Europa haben die europäischen Gesellschaften sich viel geschaffen. Dieses Europa ist eine visionäre Idee. Eine

Idee, tragfähig genug, uns aus der jahrhundertelangen Logik nationaler Konflikte herauszuführen. Eine Idee, stark genug, eine Generation von jungen und mittlerweile auch schon erwachsenen BürgerInnen hervorzubringen, die europäisch denken, europäisch handeln – die europäisch leben.

Soziale Sicherheit statt innerer und militärischer Sicherheit

Die beschriebenen Krisen erhöhen das Gefühl der Unsicherheit, was die eigene Zukunft, den Job, die Chancen der Kinder angeht. Die diffuse Sorge davor, sich das gewohnte Leben einfach nicht mehr leisten zu können, erfasst zunehmend die sogenannte Mittelschicht.

Die Antwort konservativer, aber vielfach auch sozialdemokratischer Regierungen in den USA wie in Europa sind Maßnahmen im Bereich militärischer und innerer Sicherheit. Bei allen realen Gefahren beschneiden unverhältnismäßige Eingriffe genau jene persönlichen Bürger- und Freiheitsrechte, die zu verteidigen sie vorgeben. Zudem steigert die Präsenz von mehr Polizei mit schwerer Bewaffnung im öffentlichen Raum nicht das Gefühl der Sicherheit. Im Gegenteil: Das subjektive Gefühl der Unsicherheit steigt angesichts der Symptombekämpfung am falschen Ort. Wie bei Suchtkranken muss die Dosis ständig erhöht werden: Ausbau der Überwachung, Vorratsdatenspeicherung, Verschärfung von Asylgesetzen und als tragischer Tiefpunkt eine systematische Politik des Ertrinkenlassens im Mittelmeer.

Die InnenministerInnen und Regierungsspitzen ähneln dem Betrunkenen in Paul Watzlawicks berühmter Geschichte, der im Licht einer Straßenlaterne seinen Schlüssel sucht. Auf die Frage eines vorbeikommenden Passanten, der ihm helfen will, wo er denn den Schlüssel verloren habe, deutet er einige Meter weit weg, ins Dunkel. „Ja, warum suchen Sie dann hier?" „Na, hier ist Licht." So werden in Österreich eben um Hunderte Millionen neue Hubschrauber für die Polizei gekauft, wenn bei der Bildungspolitik nichts geht und soziale Durchlässigkeit ein Fremdwort bleibt.

Soziale Unsicherheit und steigende Arbeitslosigkeit werden nur mit einer gerechteren Verteilungspolitik, einer offensiven Bildungspolitik und einer modernen Sozialpolitik angegangen werden können. In Österreich gibt es hier stärkeren Modernisierungsbedarf als in vielen anderen Ländern Europas, da hierzulande Sozialpolitik traditionell mit Sozialversicherungspolitik verwechselt wird. Das liegt auch daran, dass sie eine beinahe exklusive Spielwiese der Sozialpartner sind. (Auch hier ließe sich Watzlawicks Geschichte vom Schlüssel erzählen.)

Ansetzen an den zentralen „Treibmitteln der Krisen"

Wenn wir uns die Treibmittel unseres aus dem Ruder gelaufenen Wirtschaftssystems ansehen, stoßen wir immer wieder auf zwei wesentliche Faktoren: virtuelles Geld und fossile Energieträger. Sie waren das Schmiermittel für den rasanten Aufstieg der letzten Jahrzehnte. Die wirtschaftlichen und politischen Eliten haben im Rausch der Geschwindigkeit vergessen, nach links und rechts zu schauen. Sie haben erfolgreich die Folgen des Höllenritts ausgeblendet. Virtuelles Geld und Öl sind aber auch die Anheizer auf dem rasanten Weg nach unten.

Sind die derzeitigen Akteure in der Lage, diese Dynamik zu bremsen und zu drehen?

Wie die wirtschaftlichen Akteure ist „die Politik" in den letzten Jahrzehnten in die Falle des kurzfristigen Denkens gegangen. Die Sorge um den Verlust kurzfristiger Standortvorteile ist größer als die Sorge um den Verlust unserer Lebensgrundlagen. Das Spielen mit einem komparativen Vorteil dem Nachbarn gegenüber ist wichtiger als die Sorge um eine nachhaltige Wirtschaftsentwicklung ganzer Regionen wie der EU, geschweige denn fairer Wirtschaftsbeziehungen zu Afrika oder Lateinamerika. Die Finanzwirtschaft ist zum Casino geworden und die Regierungen sind am Einarmigen Banditen gestanden und haben mitgespielt. Die Rechnung kommt ohnehin erst in der nächsten Legislaturperiode. Gerade erst wurde scheinbar die Reset-Taste gedrückt. Das Spiel geht schon munter weiter. Alles geht wieder und die Rettungsschirme bieten eine Vollkaskoversicherung für Spekulanten auf Kosten der Allgemeinheit. Die Zauberlehrlinge haben das menschliche Maß verloren.

Die kurze Hoffnung auf eine Renaissance gestaltender Politik

Zu Beginn der Finanzkrise, nach dem Zusammenbruch von Lehman Brothers, gab es eine Phase der Hoffnung auf eine Renaissance der Politik. Eine Hoffnung, dass der entfesselte Finanzkapitalismus an die Leine genommen wird und Politik wieder eine positive, gestaltende Kraft entwickelt. Nachrichten von EU-Gipfeln wurden verfolgt wie sonst Fußballergebnisse am Samstag. Sie waren plötzlich allgemein relevant und interessant. Auf die gestiegene Hoffnung folgte eine viel größere Ernüchterung und Enttäuschung.

Bernhard Ludwig hat das Phänomen in seinem legendären Seminarkabarett „Anleitung zur sexuellen Unzufriedenheit" sehr plastisch auf die einfache Formel verkürzt: Unzufriedenheit = Erwartetes geteilt durch Erreichtes. Je größer die Erwartung, desto größer auch die Enttäuschung.

Während bremsende oder regulierende Maßnahmen wie die Finanztransaktionssteuer mittlerweile erfolgreich von der Finanzindustrie in die politische Endlosschleife lobbyiert wurden, geht das Casino munter weiter. Ein weiteres Mal werden die Staaten allerdings nicht die finanzielle Kraft haben, die Vollkaskoversicherung zu übernehmen. Die Stärkung einer nachhaltigen und ökologischen Realwirtschaft und deren Entkoppelung von der zerstörerischen Kraft des Finanzcasinos ist daher die erste und vordringliche Aufgabe nachhaltiger, progressiver Politik.

Die große Hoffnung auf eine tiefgreifende Wende in unserem Wirtschaftssystem liegt in einer vierten Revolution in Nachfolge der Agrarrevolution, der industriellen Revolution und der digitalen Revolution.

„It's the energy ..."

In der Frage der Energieversorgung bündeln sich wirtschaftspolitische, friedenspolitische, sozialpolitische, regionalpolitische und umweltpolitische Fragen. Und tatsächlich gibt es auf all diese Fragen eine Antwort – und die heißt grüne Energiewende.

Unter den zehn umsatzstärksten Unternehmen der Welt befinden sich zurzeit fünf Ölkonzerne. Keine Branche verdient mehr. Profite ohne Moral: Großflächige Zerstörung von Regenwald und anderen Naturregionen, Verseuchung von Luft und Trinkwasser, Vernichtung von Lebensgrundlagen der Bevölkerung in vielen Regionen der Welt, Finanzierung von Bürgerkriegen, Kooperation mit Militär-Diktaturen, Menschenrechtsverletzungen am laufenden Band im Umfeld von Erdölprojekten, Korruption, Bestechung, Bekämpfung von Klimaschutzgesetzen und schließlich immer wieder katastrophale Unfälle wie zuletzt im Golf von Mexiko – die Liste der schmutzigen Geschäfte der Ölkonzerne ist lang. Die Alternativen liegen auf dem Tisch: Erneuerbare Energie eignet sich nicht als strategische Ressource für internationale Machtspiele. Dafür ist es hoch an der Zeit, wenn man die zynische Anspielung des Soziologen und Philosophen Zygmunt Bauman auf die Kriege der jüngeren Vergangenheit als Menetekel des neuen Jahrhunderts sieht: „Krieg ist die Fortsetzung des Freihandels mit anderen Mitteln" („Flüchtige Moderne", 2003, S. 19). Der „politische Hebel" der Energiewende reicht aber weit darüber hinaus. Das Naheliegendste zuerst:

– *Die grüne Energiewende ist der Schlüssel zur Rettung unseres Klimas*
  Die grüne Energiewende ist – und hier ist Dramatik leider angebracht – die letzte Chance, die Erdüberhitzung zu bremsen und letztlich zu stoppen und die unabschätzbaren, katastrophalen Folgen einer drastischen Klimaerwärmung zu verhindern.

– *Die Energiewende ist ein standortpolitisches Projekt*
  Wer wird die Technologieführerschaft in den grünen Schlüsseltechnologien des 21. Jahrhunderts haben? Europa hatte lange einen Vorsprung, aber China und Indien haben in den letzten Jahren massiv zugelegt. Im Wissen um die Aussichtslosigkeit, den Energiehunger rasch wachsender Gesellschaften und einer aufstrebenden Wirtschaft mit dem Energiemix von gestern oder vorgestern, wie ihn Europa und die USA vorleben, zu decken, gibt es enorme Investitionen in die Zukunftstechnologien der grünen Energieversorgung. Jene Wirtschaften, die den Umstieg auf erneuerbare Energien am entschlossensten und schnellsten angehen, werden einen bedeutenden Vorsprung haben.

– *Die Energiewende ist ein Regionalentwicklungsprojekt zur Stärkung des ländlichen Raumes*
Die urbanen Zentren sind die Bevölkerungsmagneten der letzten Jahrzehnte. Während die großen Städte ungebremst wachsen, dünnt der ländliche Raum aus und wird bestenfalls zum Wohnbereich für Pendler. Mit der Erzeugung von Energie durch Wind, Sonne und Biomasse entstehen unzählige neue Jobs, wo in den letzten Jahren nur Jobs verloren gingen. Eine Regionalisierung der Energieversorgung bringt Beschäftigung und Wertschöpfung in die ländlichen Regionen und gibt dort Impulse für ein stabiles und nachhaltiges Wachstum.

– *Die Energiewende als Entwicklungsmotor für Schwellenländer*
Mit leuchtenden Augen hat Nobelpreisträger Muhammad Yunus bei einem Vortrag in Wien von einem neuen Projekt rund um die Grameen Bank erzählt: „Grameen Shakti" ermöglicht, ebenfalls nach dem Prinzip von Mikrokrediten, Hunderttausenden Haushalten in ländlichen Regionen Bangladeschs die Nutzung von Solarenergie. Für Entwicklungsländer bedeutet die Energiewende aber auch den Ausweg aus der Schere von Ausbeutung der Ressourcen und Energieabhängigkeit von Industrieländern.

– *Die Energiewende ist ein sozialpolitisches Projekt*
Armutsgefährdete Haushalte haben überproportional hohe Energiekosten. Sie wohnen meist in den schwierigsten Wohnverhältnissen mit geringer Wärmedämmung, veralteten Heizsystemen und ineffizienten Elektrogeräten. Regionale Energieversorgung schafft Arbeit und Wertschöpfung in strukturschwachen Regionen. Investitionen in Energie-

einsparungen senken nachhaltig die Lebenshaltungskosten sozial schwächerer Haushalte.

– *Die Energiewende als Gesundheitsprojekt für unsere Kinder*
Jedes Jahr im Winter geben die Medien Feinstaubalarm. Kinder husten, die Zahl der Atemwegserkrankungen steigt ständig. Die Schadstoffe, die unser fossiles Treibmittel der Wirtschaft und Mobilität hinterlässt, setzen sich in den Lungen unserer Kinder fest. Unsere Ölheizungen und unsere Autos sind die Auslöser dieser alarmierenden Entwicklung. Wir erleben hier konkret im Kleinen, woran unsere Erde im Großen krankt. Wenn schon die Sorge um die Klimakrise mit ihren Folgen für uns alle weit weg von der täglichen Lebensrealität scheint, dann sollte die Gesundheit unserer Kinder und Enkelkinder Motor genug sein, vom Dieselmotor auf den grünen Motor der öffentlichen Verkehrsmittel um- oder in die neue Welt der e-mobility einzusteigen.

– *Die Energiewende ist eine moderne Unabhängigkeitsbewegung und ein Friedensprojekt*
Es sind einige wenige Länder und einige wenige Unternehmen, die den Finger auf unserem Lichtschalter und auf unserem Heizungsthermostat haben. Mittlerweile kann jedes Haus ein kleines Kraftwerk sein: ein grünes Kraftwerk, das mehr Energie erzeugt, als es verbraucht. Ein Kraftwerk, das jeden und jede von uns unabhängig macht von internationalen Konflikten, die den Ölpreis in die Höhe treiben; unabhängig von Despoten, die im Winter das Gas abdrehen; unabhängig von Energiekonzernen, denen wir derzeit auf Gedeih und Verderb ausgeliefert sind. Wer die Kontrolle über die Energie hat, hat die Macht. Ermächtigen wir uns selbst und werden wir unsere eigenen Energieerzeuger und Energielieferanten.

Österreich hat im Bereich der Energiewende enorme Chancen und Potenziale. Die Politik von Rudi Anschober in Oberösterreich hat über die letzten zwölf Jahre gezeigt, wie man als Region an die Spitze eines der wesentlichen Wirtschaftszweige der Zukunft kommt. Wie in der Bildung führt auch hier die zaudernde Klientelpolitik einer Bundesregierung dazu, dass Österreich weit hinter seinen großen Möglichkeiten zurückbleibt.

Österreich als Insel der unseligen Politik

Zu der gemeinsamen Enttäuschung in Europa, dass strukturelle Maßnahmen aus den Lehren der Finanzkrise weitgehend nicht gezogen oder (wie die Finanztransaktionssteuer) auf massiven Lobbydruck nicht umgesetzt wurden, kommen in Österreich noch spezifische Faktoren:

Korruption ist ein schleichendes Nervengift für das politische System unseres Landes. Korruption und Parteibuchwirtschaft haben in der rot-schwarzen Proporz- und Parteibuchdemokratie eine lange Tradition. Die moralische und politische Schmerzgrenze hat sich über die Jahrzehnte weiter hinausgeschoben als in den meisten europäischen Ländern. Am besten ist das wohl an einer nicht vorhandenen Rücktrittskultur ablesbar. Mittlerweile wurden aber selbst diese weiten Grenzen überschritten: In den 2000er-Jahren haben Wolfgang Schüssel, Karl-Heinz Grasser und ihre Umgebung die Politik zum schwarz-blauen Selbstbedienungsladen gemacht. Es hätte wohl zu Beginn niemand gedacht, wie wörtlich das Leitmotiv Schüsselscher Politik: „Mehr privat, weniger Staat!" gemeint war. Unzählige staatsanwaltschaftliche Ermittlungen, Gerichtsprozesse und mehrere Untersuchungsausschüsse geben Zeugnis von diesem vergifteten politischen Erbe. Hier wurde nicht nur unendlich viel Vertrauen verspielt. Hier wurde auch Zukunft verspielt. Was könnte man etwa mit den im Korruptionssumpf begrabenen HYPO-Milliarden in den Kindergärten, den Schulen und Universitäten an Zukunft zum Blühen bringen? Der Milliardenschaden ist buchstäblich eine „HYPO-thek" für die folgenden Generationen von Kindern, SteuerzahlerInnen – und RegierungspolitikerInnen.

Wem kann ich noch vertrauen? Diese zentrale Frage für Wählerinnen und Wähler wird dadurch noch schwieriger zu beantworten, und sie führt zu einer immer rascher fortschreitenden Erosion der ehemaligen „Volksparteien" SPÖ und ÖVP, die im europäischen Vergleich sehr lange über eine hohe Integrationskraft verfügt haben.

Oft ist man schon froh, wenn eine Partei das kleinere Übel ist, oder – wie eine Teilnehmerin einer Fokus-Gruppe über die Grünen einmal formuliert hat – „Die bescheißen mich wenigstens nicht und tun auch manchmal was für die Umwelt". WählerInnen ernst zu nehmen heißt, das auch direkt, aber mit einem Schuss Selbstironie anzusprechen. Im Wahljahr 2013 war bei den Landtagswahlkämpfen im Vorfeld der Nationalratswahlen einer der am häufigsten gehörten Sätze: „Die ganze Politik ist zum Vergessen. Ihr Grüne geht eh noch am ehesten, weil ihr seid wenigstens nicht korrupt." Die pointierte Übersetzung („Weniger belämmert als die anderen") war das meistdiskutierte Plakat des Nationalratswahlkampfes und ein hervorragender Einstieg in Diskussionen auf der Straße, in Betrieben, bei Hausbesuchen über Enttäuschung und Wut angesichts der politischen Kultur in Österreich. Ein wirksames politisches Plakat ist keine abgehobene Selbstdarstellung mit Rufzeichen, sondern sollte ein Fragezeichen oder eine Provokation sein, aus dem ein Nachdenken und eine Diskussion entstehen.

Klientelpolitik in der Beschwichtigungskoalition

Hinzu kommt in Österreich noch der immer größere Spalt zwischen Veränderungs- und Reformnotwendigkeit und Reform(un-)fähigkeit der Langzeitregierungsparteien. Die große Beschwichtigungskoalition liegt wie ein zäher Ölteppich über Österreich. Viele wichtige Zukunftsbereiche drohen unter dieser trägen Masse zu ersticken.

Das Bildungssystem vegetiert vor sich hin. Zu viel zum Sterben und zu wenig zum Aufblühen. Internationale Vergleiche machen uns sicher: Österreich fällt von Jahr zu Jahr zurück.

Das tägliche Geschäft der Regierungsarbeit ist geprägt von vorsichts- und rücksichtsvoller Klientelpolitik im Bund, begleitet vom testosteronlastigen Brusttrommeln der Landesfürsten. Das hat möglicherweise mitunter einen hohen Unterhaltungswert und füllt täglich Zeitungsseiten. Die meisten Menschen erleben es allerdings als ermüdendes Schauspiel, das so tut, als wäre es echte Politik.

Wir stehen an einer politischen Zeitenwende in Österreich. Der letzte Aufguss der großen Koalition ist angerichtet. Das Teesackerl ist schon sehr ausgelutscht, der Sud schmeckt schal und etwas bitter. Das einzige Lebenselixier ist die unbeantwortete Frage: Was kommt danach?

Die Stunde der Populisten?

Im Süden Europas erleben wir derzeit den Aufstieg linkspopulistischer Parteien, bei denen die Frage der politischen Halbwertszeit aktuell noch nicht beantwortbar ist.

Konstruktive progressive Parteien, wie die Grünen, sind angesichts der Krise europaweit in die Defensive geraten –

nicht auf Grund ihrer Positionen und Inhalte. Sie haben weiterhin einen unbestechlichen, klaren, ökologisch und solidarisch orientierten Werterahmen und wirksame Antworten auf die aktuellen Fragen der Gesellschaft, wie der Energiepolitik, der Finanzpolitik, der Bildungspolitik, einer gesunden und nachhaltigen Nahrungsmittelproduktion, der Herausforderung rasch wachsender Metropolen und des sozialen Zusammenlebens in der Gesellschaft. Es war die Art, wie sie Politik machen und kommunizieren, über die sie die Anschlussfähigkeit verloren haben und immer weniger Mobilisierungskraft entfalten.

Wer zuhört, versteht besser

Der wesentliche Schritt, die verlorene Anschlussfähigkeit und das Vertrauen zurückzugewinnen, ist eine Politik auf Augenhöhe. Eine Politik des Zuhörens, die nicht Antworten weiß, bevor die Fragen gestellt sind. Zum Beispiel bei Hausbesuchen oder Touren durch Österreich (wie etwa Eva Glawischnigs sechswöchige Sommertour 2012). Auf ihnen lernt man verstehen.

Verstehen etwa, dass es in der Bildungspolitik nicht um die Weiterführung des 30-jährigen Kriegs der Ideologien von ÖVP und SPÖ, den Kampf um abstrakte Modelle geht. Es geht im Kern um eine Schule ohne Angst. Ohne die Angst der Eltern, die falsche Entscheidung für ihr Kind getroffen zu haben oder eines Tages die „Hausübung" nicht mehr zu schaffen und die Nachhilfe nicht bezahlen zu können; ohne die ständige Angst der Kinder vor dem Versagen; und ohne die Angst der LehrerInnen, alleine gelassen zu werden und Entscheidungen treffen zu müssen, die sie oft – und zu Recht – nicht verantworten wollen, wenn etwa VolkschullehrerInnen am Ende der vierten Klasse die Kinder – oft auf Grund eines einzigen Defizits – einteilen müssen: Du darfst ins Gymnasium, du nicht.

Wenn man zuhört, bekommt man Antworten. Etwa, dass es um eine Schule ohne Schultasche geht, aus der Kinder und Jugendliche am späten Nachmittag nach Hause kommen und Zeit für Familie, Freunde und Freizeit haben, weil der ganze „Schulkram" erledigt ist.

Eine Schule mit der besten Bildung für jedes Kind, in der nicht jahrelang ein Großteil der Energie, Zeit und Nerven aller Beteiligten in die eigenen Problemfächer geht, sondern Kinder selbst modular Schwerpunkte wählen können, in denen sie kreativ und erfolgreich sein können.

Progressive Politik muss, um wirksam zu verändern, auch sich selbst verändern

Eine Politik des Zuhörens wird nur dann wirksam sein, wenn politische Apparate ihre Selbstbezüglichkeit ablegen und die traditionellen Funktionärsmilieus verlassen. Die gute Nachricht: Mit dem oft klischeehaft zugeschriebenen Zeigefinger pädagogisierend-moralischer Überlegenheit kommt man bei Hausbesuchen ohnehin nicht weit.

Erst aus dem Zuhören und dem Verständnis heraus kann eine Politik entwickelt werden, die anschlussfähig ist an die starken Emotionen, die Hoffnungen und Ängste in Zeiten der Krise. Das Besser-Verstehen statt des Besser-Wissens steht am Beginn dieses mühsamen, aber lohnenden Perspektivenwechsels, geprägt von einem täglich „besseren Scheitern" (es lebe Beckett ☺), im Vertrauen darauf, dass wir morgen weiter arbeiten, weiter bauen, weiter streiten an einer besseren Welt.

„The proof of the pudding is in the eating": Es zählt das politische Ergebnis und nicht nur der öffentliche Nachweis des Rechthabens. „Was hat das, was ihr tut, und vor allem, wie ihr seid, mit meinem Leben zu tun?" Daran entscheidet sich Vertrauen und Zutrauen in Politik. Die „Körpersprache" politischer Parteien ist gerade für jene WählerInnen, die sich immer weniger für Politik-Politik interessieren, zentrales Bewertungskriterium für die Glaubwürdigkeit und Relevanz von politischen AkteurInnen geworden. Gerade progressive Parteien legen darauf meist zu wenig Augenmerk, weil sie oft stark mit sich, ihren detaillierten Modellen und differenzierten Positionen beschäftigt sind, oder sie verlieren Energie beim „Haltungsturnen im politischen Biotop". Sie übersehen die Sehnsucht einer progressiven Mehrheit nach einer anderen Politik, die sich nicht über traditionelle Zugehörigkeit oder internen Interessenausgleich definiert, sondern in erster Linie über die ganz konkreten Fragen gesellschaftlicher Lebensgrundlagen, wie den nachhaltigen Schutz unseres Planeten, die Sicherung des sozialen Zusammenhalts und die Entwicklung der Zukunft unserer Kinder durch bessere Bildung. Wir können das Selbst-Vertrauen in die Mobilisierungskraft unserer Werte, unserer Ideen und unserer nachwachsenden politischen Energie haben. Wir haben keinen Planeten B, aber wir haben eine Hoffnung auf eine andere politische Zukunft mit Grünen und anderen progressiven Parteien als „Volksparteien neuen Typs".

Progressive, populäre Politik heißt demnach, unter den gegebenen Rahmenbedingungen pragmatisch erfolgreich Politik zu machen und dabei weiter unermüdlich zu versuchen, die Rahmenbedingungen zu verändern. Und das geht angesichts der Tatsache, dass sich weniger als 20 Prozent der BürgerInnen aktiv für traditionelle Innenpolitikberichterstattung interessieren, nur mit neuen Formaten und mit Lust zugespitzt, vereinfacht und pointiert – so wie in diesem Text ☺.

Teil 3:
Was wir ändern

Wir brauchen mehr Europa

Franz Vranitzky

Wer über die Zukunft der Europäischen Union nachdenkt, muss ihre Vergangenheit verstehen. Die Gründungsgeschichte der EU war eine herausfordernde. Man ist damals von zwei Feststellungen ausgegangen: Einmal sollte der Kriegsverursacher Deutschland in einen institutionellen Rahmen eingebunden werden. Deutschland sollte dabei sein, um es unter Kontrolle zu halten und einen erneuten Krieg zu verhindern. Das war der Grundgedanke der Montanunion. Und zu einem nicht geringen Erstaunen auch der Nachwelt haben die Deutschen zugestimmt. Da ist Konrad Adenauer ein Verdienstkranz zu flechten, denn er war es, der von seiner ganzen Grundeinstellung die Hinwendung Deutschlands zum Westen eingeleitet hat. Er hat die am Boden liegenden Deutschen auf diesen Weg mitgenommen.

Die politische Union als Ziel

Dieser Friedensgedanke, dieser Kriegsvermeidungsgedanke war damals aber nicht das einzig verbindende Element. Schon bald nach Schaffung der Montanunion haben die sechs Gründungsmitglieder (Belgien, Bundesrepublik Deutschland, Frankreich, Italien, Luxemburg, Niederlande) die Idee der Integration weiterentwickelt. Aus der Europäischen Gemeinschaft für Kohle und Stahl (EGKS) entstand die Europäische Wirtschaftsgemeinschaft (EWG). Und schon in den Römer Verträgen wurde ein Ziel festgehalten, das bis in die heutige Zeit seine Geltung nicht verloren hat: Aus der EWG sollte eine politische Union werden, vereinbart im Jahr 1958.

Jetzt schreiben wir 2015, und wir sind von einer politischen Union weit entfernt. Mit sechs Mitgliedern war die Fokussierung auf dieses Ziel wohl noch relativ einfach. Wahrscheinlich galt das auch noch für die zwölf Mitglieder und sogar für die EU-15, die es dann mit dem Beitritt Österreichs waren. Mit der zunehmenden und immer rascher voranschreitenden Erweiterung auf nunmehr 28 Mitglieder allerdings ist viel von dem roten Faden der Gründungsjahre verblasst.

Das ist das eigentliche Dilemma der Europäischen Union. Das Friedensprojekt von damals war der Startschuss, die politische Union aber ist die logische Weiterentwicklung des Grundgedankens. Wenn man nur beteuert, politisch geeint sein zu wollen, dabei aber die politischen Rahmenbedingungen zu definieren vergisst, bleibt die Union politisch ein bloßes Schlagwort. Das historische Glück der Integration war, dass es Jacques Delors als Kommissionspräsidenten gegeben hat. Das historische Pech der Integration war, dass es nach Delors keinen mehr wie ihn gegeben hat. Vielleicht hat Jean-Claude Juncker dieses Potenzial, aber um das zu beurteilen, ist es noch zu früh.

Die Konstellationen seit Delors haben schon allein deshalb nicht funktioniert, weil die mächtigen Staats- und Regierungschefs dem Projekt sichtbar zögerlich gegenüberstanden. Das habe ich 1994 noch vor dem Beitritt Österreichs selbst miterlebt. Wir Neuen durften schon vorab an Ratssitzungen teilnehmen. In Korfu ging es um die Nachfolge Delors'. Eigentlich war unausgesprochen ausgemacht, dass der Niederländer Ruud Lubbers nachfolgen sollte. Verhindert hat ihn dann in offener Sitzung Helmut Kohl. Und zwar ohne Begründung. Vier Wochen später wurde so nebenbei Jacques Santer präsentiert. In Korfu war schon zu hören gewesen, dass sich Kohl und François Mitterand einig waren, sich „so einen wie den Delors" nie wieder einzubrocken.

Die Geburt der Krise

Das war die eigentliche Geburtsstunde der Krise der Europäischen Union. Ein paar Korruptionsgeschichten, ausgelöst von Édith Cresson, später waren Santer und seine Kommission, darunter Franz Fischler, der mit dem Ganzen ja nichts zu tun hatte, rücktrittsreif. Deutschland und Frankreich, vor allem aber Kohl und sein Finanzminister Theo Waigel, haben den Kommissionspräsidenten als Spielball gesehen. Diese heute noch immer zu beobachtende Einstellung in starken Mitgliedsländern ist der Kern der Schwäche der EU und die Ursache dafür, dass der Integrationsprozess zum Intergouvernementalismus verkommen ist. Es gibt keine starke einheitliche Institution, sondern Beschlüsse entstehen auf der Basis dessen, was Einzelne miteinander vereinbaren.

Das Ziel der politischen Union ist zwar oft vorgetragen worden, aber immer wieder abgestürzt. Die Briten etwa haben auch zu meiner Zeit in der Regierung immer wieder gesagt, dass sie sich eine politische Union nicht vorstellen können. Dass beispielsweise Briten und Slowaken die gleiche Verfassung haben, kam für sie einfach nicht in Frage. Dennoch bleibe ich Optimist und sage: Wir brauchen die politische Union. Ich halte sie für erreichbar. Ihre Herstellung aber ist, wenn Staatskunst eine Steigerung erlaubt, die oberste Stufe.

Diese oberste Stufe der Staatskunst kann aber nicht von mittelmäßigen Akteuren administriert werden. Und derzeit haben wir leider keine besseren. Angela Merkel etwa ist sicher eine Person mit Strahlkraft, aber auch sie entwickelt nicht den Zug in diese Richtung. Sie verfolgt auch keine über allen Länder- oder auch Fraktionsinteressen stehende Agenda. Immerhin hat sie sich im französischen Wahlkampf auf Seiten von Nicolas Sarkozy eingebracht.

Was das Entstehen einer echten Union auch immer wieder

hemmt, ist das Verhältnis Europas zu den USA. Besonders Österreicher und Deutsche wissen, wie sehr uns die USA beim Wiederaufbau nach dem Krieg unterstützt haben. Wir haben das nicht vergessen. Wir haben es, bei aller Dankbarkeit und Anerkennung, nur nicht verstanden, uns im weltweiten Wettbewerb – wirtschaftlich, politisch, kulturell – so zu emanzipieren, dass es nicht immer wieder Zurufe aus Washington geben würde, die dann in Europa auch brav befolgt werden. Das mangelnde Selbstbewusstsein paart sich da noch mit einem gewissen Ost-West-Gefälle. Zwischen Ost- und Westeuropa ist leider noch immer Distanz zu spüren. Einerseits blicken viele Westeuropäer noch immer auf ihre heutigen Partner herab, da dringen bis heute Ressentiments durch. Andererseits gibt es in Osteuropa eine grundsätzliche Skepsis gegenüber Russland und auch deshalb eine starke Bindung an die USA. Die gefühlt Nächsten sind die Amerikaner, nicht die anderen Europäer. Václav Klaus hat einmal gesagt, er wäre mit Tschechien lieber den USA beigetreten als der EU. In so einer Atmosphäre entsteht dann eben nur ein dünner europäischer Integrationsgedanke.

Deshalb ist die Arbeit an der politischen Union zwar nicht absurd, aber der Weg dorthin ist wahrscheinlich einer der am meisten verminten überhaupt. Das sieht man auch an einzelnen Politikfeldern: Der Zugang zu einer militärischen Landesverteidigung etwa ist von Land zu Land sehr verschieden, da brauchen wir Österreicher gar nicht tief zu graben. An sich müsste das Ziel der Aufbau einer europäischen Armee sein. Doch die Generalität in den einzelnen Ländern hat da und dort ein beachtliches Eigenleben entwickelt. Und dann gibt es wohl auch Widerstände in der breiten Bevölkerung. Die sagt sich: Soll ein General aus Finnland darüber befinden, dass mein Sohn in irgendeinen Krieg zieht?

Schritte zur Integration

Immerhin aber sind wichtige Schritte in Richtung Integration gesetzt worden. Etwa die notwendige Aufwertung des europäischen Parlaments. Dort sitzen Personen, die wir Europäer in freier Wahl gewählt haben. Und wenn die in ihrer parlamentarischen Auseinandersetzung in wichtigen Entscheidungen zueinander finden, dann ist das schon ein nicht unwichtiger Schritt zu einem gemeinsamen politischen Verstehen. Es ist auch wichtig für die repräsentative Demokratie. Wir sehen es derzeit ja auch in Österreich, dass das Modell der repräsentativen Demokratie viel mehr in Frage gestellt wird als vor 40 Jahren. Die Politik wird sich diesem Thema widmen müssen. Sie wird auch bereit sein müssen, neue Wege zu gehen. Parteibuch und Co. gehören wohl der Vergangenheit an, auch wenn das einem gewachsenen Parteifunktionär, welcher Partei auch immer, möglicherweise total unverständlich erscheinen mag. Aber wir müssen das Ansehen der repräsentativen Demokratie und des Parlamentarismus wiedergewinnen.

Auf europäischer Ebene war die Art und Weise der Wahl Junckers zum Kommissionspräsidenten ein positives Signal. Er wurde vom Parlament gegen den Widerstand einiger Mitgliedstaaten in Position gebracht. So kann man sich auch die Direktwahl des Kommissionspräsidenten als einen mutigen, einen wichtigen Schritt vorstellen. Natürlich bleiben Barrieren, auch in sprachlicher Hinsicht. Denn wie sollen die Leute in Österreich Wahlreden eines bulgarischen oder belgischen Kandidaten verstehen? Dennoch: Wir haben auch in anderen Bereichen für die Durchführung demokratiepolitischer Prozesse erst die Voraussetzungen schaffen müssen. Also kann es uns auch hier gelingen.

Als nächstes müsste ein Konzept entwickelt werden, wie etwa in Wirtschafts- und Finanzangelegenheiten auf die unterschiedlichen Situationen der Mitgliedsländer zu reagieren ist. Man kann da nicht mit einem einheitlichen Katalog vorgehen. Die finanzpolitische Philosophie des Wolfgang Schäuble kann man dem Süden Europas nicht einfach oktroyieren, das haben wir zuletzt schmerzlich erleben müssen. Deshalb ist es richtig und wichtig, dass es in der Kommission einzelne Kommissare gibt, die sich speziell der Regionalentwicklung widmen.

Natürlich bräuchte es neben diesen Maßnahmen aber auch die schon angesprochene gemeinsame Sicherheits- und Außenpolitik. Das ist schwierig genug, weil der diesbezügliche Ehrgeiz einiger Regierungen in den Mitgliedstaaten natürlich auch innenpolitisch motiviert ist. Dabei wäre eine Stimme nach außen ganz besonders wichtig, nicht nur weil dann Henry Kissinger seine immer wieder eingeforderte europäische Telefonnummer bekäme. Allein die Krise in Ex-Jugoslawien war ein schlimmes Beispiel, was unterschiedliche europäische Positionen anrichten können. Europa war damals nicht in der Lage, die Krise selbstständig zu meistern. Und auch wenn sich seither manches verbessert hat, ist zweifelhaft, ob wir heute schon so weit wären.

Von entscheidender Bedeutung für eine bessere Verankerung Europas in den Köpfen seiner Bürgerinnen und Bürger ist die Steigerung der Kommunikationsfähigkeit der Union und der einzelnen Mitgliedstaaten. Das setzt aber voraus, dass man nicht in 14 Tagen einen halben Tag Europapolitik macht, sondern dass Europapolitik etwas sein muss, das ressortübergreifend, umfassend und permanent stattfindet. Wenn eine solche Politik breit vorgetragen würde, dann wäre der Bürger mit seiner Informationslücke nicht allein gelassen. Heute ist er mit einer Entscheidung der Kommission oder irgendeiner neuen Regel konfrontiert, von der er noch nie etwas gehört hat und die ihm auch nicht erklärt wurde. Dann kommen eben die Schimpfkanonaden auf die „wahnsinnigen Brüsseler

Bürokraten" zustande, die dem ohnehin unterentwickelten Europabewusstsein weiteren Schaden zufügen.

Wenn dieses Europa funktionieren soll, dann müssen die Bürger mitgenommen werden. Es braucht auch eine gewisse Sensibilisierung dafür, was auf dem Spiel steht. Und dafür, was passiert, wenn sich die scheinbar einfachen Lösungen der Extremen durchsetzen. Wenn etwa der Front National sagt, die EU soll zusammenbrechen, wie die Sowjetunion zusammengebrochen ist, weil dann die Franzosen wieder frei sein und frische Luft atmen können, dann muss man schon darauf hinweisen, dass es außer der frischen Luft dann wohl nur noch eine darniederliegende Wirtschaft geben wird. Die Bedeutung solcher Szenarien muss stärker herausgestrichen werden. Vor dem EU-Beitritt Österreichs haben wir ja auch kommuniziert, was passiert, wenn wir den Weg in die Union versperren.

Die Schranken abbauen

Dass diese Art der Kommunikation nicht einfach ist, versteht sich von selbst. Das war sie aber auch 1994 und in den Jahren vor der EU-Abstimmung in Österreich nicht, auch wenn es im Rückblick so erscheinen mag. In der SPÖ war meine Anmerkung in einem Bundesparteivorstand 1987 – bald nach meiner Amtsübernahme –, dass wir uns den EU-Beitritt sehr ernstlich überlegen sollten, wie ein Schreckschuss. Es kamen die gängigen Einwände. Zuerst hieß es, dass wir den Beitritt noch nie wollten und ein solcher Schwenk „unseren Leuten" nicht beizubringen wäre. Der zweite Einwand war, wozu wir neben der Mitgliedschaft in der EFTA noch so eine internationale Organisation bräuchten. Und dann wurde die damalige EWG als wirtschaftliches Instrument der NATO gebrandmarkt. Mit der wollte in der SPÖ keiner etwas zu tun haben, denn die Neutralität war natürlich heilig. Ja, und als Killerargument kam noch, dass ein Beitritt einem Anschluss an Deutschland gleichkäme und das laut Staatsvertrag verboten sei.

Das waren die formalen Einwände. Vielleicht noch wichtiger war die Sorge, was mehr Wettbewerb für unsere Wirtschaft und damit für die Arbeitnehmer bedeuten würde. Wären wir diesem Wettbewerbsdruck gewachsen? Diesen Punkt musste man schon ernst nehmen. Denn unsere staatlichen Systeme – und damals gab es ja noch die verstaatlichte Industrie, auch wenn die Weichen für die Kapitalmarktfähigkeit schon gestellt waren – stellten natürlich hohe Güter dar. Vom Pensionssystem über die Arbeitslosenversicherung bis hin zu den Krankenkassen wollte man ja mit Recht nicht alles infrage stellen.

In der Volkspartei lief die Diskussion kaum anders. Da war zum Beispiel Alois Mock, der spätere „Mister Europa", am Anfang nicht für einen Beitritt. Er war als ÖAAB-Obmann und Arbeitnehmervertreter sehr skeptisch.

Nach Gesprächen mit vielen Industrieleuten und Wirtschaftsforschern traten aber die Vorteile eines Beitritts immer deutlicher zutage. Das Hauptargument war: Wenn die Mitglieder der Union untereinander sämtliche Schranken abbauen und jemand von außen, der auch viel Wirtschaftsverkehr mit diesen Ländern betreibt, diese Schranken noch immer vor sich hat, ist er schlicht diskriminiert. Das war ein Punkt, den ich immer wieder gebracht habe. Die Beschlüsse, die die damalige EWG gefällt hat, haben uns ja auch betroffen. Nur sind wir im Vorzimmer gesessen und durften weder mitreden noch mitstimmen.

Dieses Argument hat gegriffen. So haben wir schrittweise die Sozialpartner gewonnen, sowohl die Arbeitnehmer wie auch die Arbeitgeber. Das war wahrscheinlich der Durchbruch. Und die positive Einschätzung der Wirtschaftsforscher hat wiederum auf die meisten universitären Stellen durchgeschlagen.

Schließlich hat auch Jörg Haider geholfen, der am Beginn „so schnell wie möglich" beitreten wollte und sich dann doch aus einer Justament-Reaktion gegen die zwei Regierungsparteien stellen musste.

Wider die Boulevardlastigkeit

Ein zentraler Punkt bei der Werbung für unsere Position war aber natürlich auch, dass die Regierungspolitiker damals nicht ein so ausgeprägtes Anerkennungsdefizit in der Öffentlichkeit hatten wie die heutigen. Und: Sie waren auch resistenter gegenüber dem Boulevard. Natürlich ist es vorgekommen – und damals hat es noch die „Wochenpresse" gegeben –, dass jemand argumentierte, wir könnten das oder jenes nicht machen, denn sonst stünden wir in der „Wochenpresse".

Heute allerdings ist die Boulevardlastigkeit der Politik viel, viel größer geworden. Das kann man allein daran erkennen, wie häufig sich Spitzenpolitiker mit Themen abplagen müssen, die diese Aufmerksamkeit nicht verdienen. Da muss man schon fragen: Was bewegt denn eigentlich die Bevölkerung? Über die sozialen Netzwerke kommen dann noch vielfältige Möglichkeiten dazu, sich zu artikulieren und aus anonymer Position heraus Kritik zu üben. Hier wächst eine vermeintliche Stärke der Kritik heran, mit der Politiker sehr schwer fertig werden.

Die Situation ist also schwieriger geworden. Vor diesem Hintergrund ein so großes Projekt wie die europäische Integration durchzutragen, noch dazu bei nicht vollinhaltlicher Übereinstimmung innerhalb einer Koalition, ist sehr schwierig. Da verliert man dann leicht an Schlagkraft. Und wenn man Schlagkraft verliert, bringt man so ein Projekt nicht durch.

Außerdem gibt es Themen, die nicht mehr nüchtern zu diskutieren sind. Das sieht man etwa beim Freihandelsabkommen

TTIP. Man könnte die problematischen Schiedsgerichte ja durchaus kritisieren, aber viel wichtiger erscheint, eben weil sie in der „Kronen Zeitung" diskutiert wird, die Frage, ob wir den Vorarlberger Bergkäse hergeben müssen. Die Gentechnik geht auch gar nicht, obwohl es sie in den USA seit vielen Jahren gibt und die Leute nicht zu Dutzenden dran sterben, wenn sie von einem gentechnisch veränderten Paradeiser abgebissen haben.

An diesen Beispielen wird deutlich, dass es in Österreich eklatante Kommunikationsdefizite gibt. Diese sind einerseits einer komplexeren Medienlandschaft geschuldet. Natürlich aber hat das auch mit politischer Führung und Kommunikation zu tun. Forderungen oder Vorhaben zu formulieren, ist dabei dringend notwendig. Aber das allein ist es nicht. Man muss auch in überschaubaren Zeiträumen nachweisen können, dass man diese Vorhaben schrittweise verwirklicht. Selbst wenn man sie nicht verwirklichen kann und sich irgendwann eingestehen muss, dass man sich das anders vorgestellt hat, kann man von direkter und schnörkelloser Kommunikation profitieren.

Aktuell können wir das Gegenteil beobachten: Das System leidet unter der Abwesenheit von Kommunikation durch die politischen Eliten. Die Sinnhaftigkeit europäischer Projekte müsste viel aktiver angesprochen werden. Da gibt es den sperrigen Begriff der Subsidiarität. Populär-ökonomisch formuliert bedeutet der nichts anderes, als dass wir, was wir selbst machen können, auch am besten selbst machen. Aber dort, wo es der europäischen Zusammenarbeit bedarf, um große Projekte zu verwirklichen und unsere Wettbewerbsfähigkeit gegenüber Russen oder Amerikanern abzusichern, brauchen wir mehr Europa. Eine mehrere tausend Kilometer lange Pipeline kann Österreich nicht allein planen und bauen. Dasselbe gilt für eine breit angelegte Forschungspolitik. Diese Notwendigkeit europäischer Lösungen muss man kommunizieren. Das

Wort „verkaufen" lehne ich in diesem Zusammenhang ab. Aber man muss versuchen, Mittel und Wege zu finden, wie breite Kreise der europäischen Bevölkerung diese Themen annehmen und akzeptieren.

Warum es mehr Europa braucht

Die Alternative wäre, dass das Projekt Europa scheitert. Für den Wohlstand auf unserem Kontinent ist zentral, dass das nicht passiert. Hier nur drei Kernargumente, die das untermauern sollen:

1. *Wenn es beim wirtschaftlichen Aufbruch bleiben soll, braucht es mehr Europa.*
   Es wäre fatal, fielen wir im weltweiten Wettbewerb zurück. Europa muss zusammenrücken, will es wirtschaftlich mithalten. Nur gemeinsam sind wir stark. Nicht einmal Deutschland ist so groß, um allein den wirtschaftlichen Riesen China, Russland, Brasilien oder den USA die Stirn zu bieten. Derzeit sehen wir ja leider schon, wie diese uns Europäern teilweise davongaloppieren.

2. *Gerade angesichts der aktuellen Schwierigkeiten braucht es mehr Solidarität.*
   Ich habe es schon angesprochen: Man kann nicht jedes Land anhand der exakt gleichen Maßstäbe messen, man muss Beurteilungen und Programme flexibler gestalten. Natürlich kann der deutsche Finanzminister Schäuble den Griechen ihre Schulden nicht einfach erlassen. Aber die EU kann auch nicht sagen, dass das jahrelange Bestehen auf exakt definierten Reformen erfolgreich war. Die Griechen sind ärmer geworden.

3. *Wir müssen Rechte abgeben, um gemeinsame Souveränität in Europa herzustellen.*

Beharren wir im riesengroßen Wettbewerb auf österreichischen Souveränitätsrechten, bleiben wir mit unserer Souveränität allein. Die ist dann wertlos. Die europäische Schwäche ist das Spiegelbild der nationalen Regierungen. Derzeit machen Politiker erst in Europa Politik, nur um sich dann bei der Rückkehr in die Heimat zu fürchten und zu erklären, dass alles ganz anders ist. Da braucht es mehr Konsequenz und Aufrichtigkeit seitens der Politiker in allen Mitgliedsländern. Denn wenn diese in ihrem Bekenntnis zu Europa schon wanken, kann der nötige Brückenschlag in Richtung Bevölkerung kaum gelingen.

Zehn Initiativen, um wieder nach vorne zu kommen

SEBASTIAN KURZ

Wenn wir über die Zukunft Österreichs nachdenken, müssen wir vor allem überlegen, wie wir als Standort im Zeitalter der Globalisierung wettbewerbsfähig bleiben können, um den jungen Menschen in Österreich Chancen und Perspektiven zu bieten. Derzeit lebt es sich in Österreich gut: Beim Pro-Kopf-Einkommen in der EU spielen wir noch in der Spitzenliga, die Menschen in Österreich erhalten im Durchschnitt EU-weit die dritthöchsten Pensionsleistungen und fast jeder in Österreich ist krankenversichert.

Allerdings zeigt ein Blick auf die Fakten, dass dieser Zustand nicht nachhaltig ist – viele unserer Spitzenplätze in den internationalen Rankings drohen zum handfesten Problem zu werden: Wir haben in Österreich die sechsthöchste Steuer- und Abgabenquote der Welt sowie die sechsthöchste Quote der Welt bezüglich der Staatsausgaben. Laut einer Studie von PriceWaterhouseCoopers haben wir weltweit eine der höchsten Steuerbelastungen auf unternehmerische Tätigkeiten, was den Anreiz zur produktiven Tätigkeit in Österreich stark einschränkt. Die Konsequenzen? Eine zunehmende Schieflage der Staatsfinanzen und sinkende Wettbewerbsfähigkeit. Wir haben laut Eco-Austria heute in Österreich eine implizite Staatsschuldenquote von 271 Prozent des BIP, wenn wir alle Verpflichtungen des Staates an die noch lebenden und die zukünftigen Generationen hinzurechnen. Und nach einer OECD-Berechnung hat Österreich das drittniedrigste langfristige Wachstumspotenzial aller OECD-Staaten.

Wir feiern heuer das 60-jährige Jubiläum der Unterzeichnung des Staatsvertrages. 60 Jahre, in denen wir den Wohlstand aufgebaut haben und uns durch eigene Leistung, Risikobereitschaft und die Vision einer freien Gesellschaft aus den Zerstörungen des Zweiten Weltkrieges zu einem der wohlhabendsten Länder der Welt entwickelt haben. Aber man hat derzeit das Gefühl, dass der Zenit der Aufbauarbeit überschritten sein könnte, dass wir das, was wir aufgebaut haben, nur mehr verzehren und verwalten, anstatt mutig und zielorientiert weiterzubauen. Man kann das Gefühl bekommen, dass in der gegenwärtigen politischen Diskussion alle nur mehr um das letzte Stück des Kuchens kämpfen, sehenden Auges, dass nichts mehr nachkommt und bald nichts mehr da ist. Dazu kommen ein international instabileres Umfeld und der zunehmende Vertrauensverlust in die politischen und staatlichen Institutionen.

Laut Winston Churchill steckt in jeder Krise auch eine solide Chance: die Chance, eingetretene Denk-, Handlungs- und Organisationsmuster zu hinterfragen, zu verändern, den Staat und die Gesellschaft dadurch zukunftsfit zu machen und zu überlegen, was wir verändern müssen, damit wir weiter eines der wettbewerbsfähigsten und lebenswertesten Länder der Welt bleiben.

Auf diese Herausforderungen habe ich zwei Perspektiven: erstens die als Außenminister, der täglich die Herausforderungen der Weltpolitik sieht, aber auch Chancen in fernen Märkten. Und zweitens die eines jungen Menschen in Österreich, der sich nachhaltige, bürgernahe Institutionen und dadurch solide Chancen für die Zukunft wünscht.

Aus der Perspektive als Außenminister

1. Globalisierung aktiv nutzen, um Europa wirtschaftlich zu stärken

Die Welt rückt enger zusammen – wirtschaftlich, politisch, kulturell –, wird dabei aber auch komplexer. Österreich profitiert dabei durch seine exportorientierte Wirtschaft stark von der Globalisierung: Es exportieren zirka 50.000 österreichische Unternehmen ins Ausland, der Export macht rund 40 Prozent des BIP aus, 6 von 10 Euro werden im Export verdient und jeder zweite heimische Arbeitsplatz hängt vom Export ab. Die Öffnung zur Welt war für Österreich auch in der Vergangenheit bereits ein großer Gewinn: So haben sich seit dem Beitritt Österreichs zur EU unsere Exporte verdreifacht.

Die Entwicklung der letzten Jahre muss uns aber zu denken geben. Das Wirtschaftswachstum in der Eurozone betrug im Jahr 2013 minus 0,5 Prozent. Andere Wirtschaftsräume wie die USA, die die Krise bereits gut gemeistert haben und seit einigen Jahren nicht zuletzt aufgrund der dortigen niedrigen Energiepreise durch eine starke Reindustrialisierung erfolgreich sind, sind im Jahr 2013 um 2,2 Prozent gewachsen.

Europa verliert an Wettbewerbsfähigkeit. Deshalb muss sich Europa stärker den Wachstumsmärkten außerhalb Europas zuwenden, die auch für Österreich Chancen bieten. Etwa in Asien, wo Chinas Wirtschaft mit 1,4 Milliarden Einwohnern 2013 mit 7,7 Prozent gewachsen ist, Turkmenistan und Kirgisien mit mehr als 10 Prozent. Auch in Afrika gibt es beispielsweise in Mosambik (7,4 Prozent) und Äthiopien (10,5 Prozent) stark wachsende Märkte. Steigen die österreichischen Exporte, profitieren die Arbeitnehmerinnen und Arbeitnehmer, die Wirtschaft und der Staat: So wächst beim Anstieg der Exportquote um 1 Prozentpunkt das reale BIP um 0,55 Prozent, die Beschäftigung um 6800 Jobs und die Staatseinnahmen steigen um 0,44 Milliarden Euro. Die Erschließung neuer, wachsender Märkte ist daher unsere Chance, die Vorteile der Globalisierung zu nützen und dadurch Österreich wieder wettbewerbsfähiger zu machen.

2. Ukrainekonflikt aktiv angehen und Visionen zur Lösung entwickeln

Der Konflikt zwischen Russland und der Ukraine findet in unserer unmittelbaren Nachbarschaft statt und beeinflusst uns politisch wie wirtschaftlich stark. Deshalb sind auch wir gefordert, aktiv an einer Lösung mitzuarbeiten. Die offiziellen Beziehungen der EU mit Russland sind derzeit an einem Tiefpunkt angelangt. Hier sind die Kräfte der Vernunft auf allen Seiten gefordert, sich Gehör zu verschaffen und realistische Exit-Szenarien aus dieser nur scheinbar unvermeidbaren Entwicklung aufzuzeigen.

Trotz der Dramatik der Krise war es ganz entscheidend, dass die EU von Anfang an klargestellt hat, dass es kein militärisches Einschreiten geben wird. Die EU kann und wird aber auch bei Völkerrechtsbrüchen nicht wegsehen und zur Tagesordnung übergehen. Die Sanktionen waren daher gerechtfertigt und notwendig. Neben der unmittelbaren Reaktion auf das russische Verhalten müssen wir aber auch langfristige Lösungsansätze entwickeln. Folgende Punkte erscheinen mir dabei wesentlich:

Erstens, dass unser Ziel eine geeinte und prosperierende Ukraine ist, in der Rechtsstaatlichkeit, Demokratie und Menschenrechte herrschen und die geordnete Beziehungen zu ihren Nachbarn hat. Dafür muss die Ukraine große Reformanstrengungen unternehmen. Es gibt für mich keinen rationalen Grund, warum Russland sich davor fürchten sollte.

Russland muss dabei eines klar sein: Es war nicht „der Westen", der die ehemaligen Partner des Warschauer Paktes dazu gedrängt hat, sich in die EU, in die NATO zu begeben und am Westen zu orientieren. Diese Länder haben diese Entscheidung selbst, aus freien Stücken getroffen. Russland muss sich die Frage gefallen lassen, warum sich viele dieser Staaten abwenden. Oder glaubt jemand tatsächlich, dass wirtschaftlicher Druck und militärische Gewalt geeignete Mittel sind, um langfristige Partnerschaften aufzubauen?

Zweitens hat die gewaltsame Reaktion Russlands in der Ukraine das europäische Sicherheitssystem erschüttert. Die Konsequenzen daraus betreffen neben EU und NATO vor allem auch die OSZE. Die OSZE spielt insbesondere eine wichtige Rolle bei allen Bemühungen zur Sicherung eines Waffenstillstandes sowie einer nachhaltigen Befriedung der Ukraine. Die Konsequenzen des Ukraine-Konflikts werden die Arbeit der kommenden Vorsitze der OSZE – Serbien, Deutschland und Österreich – prägen. Dabei muss uns bewusst sein, dass es nachhaltige Sicherheit in Europa nur mit und nicht gegen Russland geben kann. Auch für Russland ist Sicherheit langfristig nur mit und nicht gegen Europa möglich. Es muss dabei die souveräne Entscheidung jedes Staates bleiben, wie er seine Sicherheitspolitik gestaltet, ob er sich einem Militärbündnis anschließt, Bündnisfreiheit oder Neutralität wählt.

Drittens muss uns immer bewusst bleiben, dass Russland der größte Nachbar der EU ist. Es wäre nicht zielführend, würden sich die EU und die Eurasische Wirtschaftsunion voneinander abgrenzen und als wirtschaftliche Blöcke neue Trennlinien durch Europa ziehen. Im Rahmen der Östlichen Partnerschaft und der Eurasischen Wirtschaftsunion sollten kompatible Formen der Kooperation erarbeitet werden, die nicht nur den jeweiligen Mitgliedstaaten, sondern auch anderen Staaten offenstehen. Es geht letztlich darum, die Länder in Osteuropa und im Südkaukasus nicht vor eine Zerreißprobe im Sinne eines „entweder Europa oder Russland" zu stellen, sondern zu einer Politik des „sowohl als auch" zu finden.

Fernziel könnte daher die Schaffung einer gemeinsamen Freihandelszone sein, die ein wirtschaftliches Dach von Lissabon bis Wladiwostok bieten würde. Der Weg dorthin ist sehr lang und setzt voraus, dass alle Beteiligten tatsächlich an konstruktiven Ergebnissen interessiert sind. Am Ende des Tages würden aber alle davon profitieren.

Aus der Perspektive eines jungen Menschen in Österreich

3. Ende der Schuldenpolitik

Gerade in schwierigen Zeiten wie heute hört man immer wieder Stimmen, die sagen, dass wir das Staatsbudget überziehen können, wenn es einmal ein paar Jahre schlecht läuft und im Gegenzug in den guten Jahren unser Budget wieder sanieren. Soweit die Theorie des Keynesianismus, bei der in der Praxis nur allzu oft auf den Teil, in guten Jahren Budgetüberschüsse zu erzielen, vergessen wird.

Ein Blick in die Statistik bestätigt dieses Bild: Seit den frühen 1970er-Jahren steigt die Verschuldung Österreichs fast durchgehend an und nähert sich heute der Marke von 90 Prozent des österreichischen BIP. Tatsache ist, dass der letzte erwirtschaftete Budgetüberschuss Generationen zurückliegt – in den 60er-Jahren.

Der „Österreichische Keynes" hat nur ein Auge: das linke. Wir brauchen aber eine umsichtige Politik, wenn wir neuen Generationen eine faire Chance zur Gestaltung ihrer Zukunft mitgeben wollen. Wohin Schuldenpolitik letztendlich führt, haben wir im Zuge der Euro-Staatsschuldenkrise anschaulich vor Augen geführt bekommen. Deshalb müssen wir diese Schuldenpolitik ein für allemal beenden.

4. Altersvorsorge mit Zukunft

Wir brauchen auch hier mehr Generationengerechtigkeit. Das Problem wird deutlich, wenn wir uns Folgendes vergegenwärtigen: Wir gehen heute sechs Jahre früher in Pension als 1970. Die Lebenserwartung ist heute aber um zwölf Jahre höher. Das derzeitige Pensionssystem wird somit nicht weiter zu erhalten sein, wenn wir immer älter werden, aber gleichzeitig immer kürzer arbeiten. Wir liegen heute mit Pensionsausgaben von 15 Prozent des BIP innerhalb der OECD nach Italien bereits auf dem zweiten Platz. Laut Prognosen wird sich der notwendige Zuschuss der Steuermittel ins Pensionssystem von derzeit rund 10 Milliarden Euro in 30 Jahren verdreifachen.

Unser Ziel muss es daher sein, das tatsächliche Pensionsantrittsalter merklich zu erhöhen. Es muss zu einem Mentalitätswandel kommen, arbeiten sollte Freude bereiten, die Frühpension muss endlich eine Ausnahme bilden, anstatt die Regel zu sein. Eine mögliche Maßnahme wäre, den individuellen Pensionsantritt flexibler zu gestalten: Wer frühzeitig in Pension geht, soll mit Abschlägen rechnen müssen, während längeres Arbeiten mit Zuschlägen auf die Pension belohnt werden soll. Wir müssen dafür aber auch Wege finden, das Potenzial älterer Arbeitnehmer besser zu nutzen, und Modelle anbieten, die ihren Bedürfnissen entsprechen. In einem nächsten Schritt muss der steigenden Lebenserwartung dann auch beim gesetzlichen Pensionsantrittsalter Rechnung getragen werden.

5. Innovation und Unternehmertum fördern

Während in den USA und Asien global agierende Hightech-Unternehmen wie Google, Facebook und Alibaba boomen, bleiben die ganz großen Erfolgsgeschichten der digitalen Epoche in Europa leider aus. Google, beispielsweise, hat weltweit einen Marktanteil von 70 Prozent und über 93 Prozent in Europa und arbeitet an führenden Innovationen wie an einem selbstfahrenden Auto, Facebook hat mit 1,4 Milliarden Menschen mehr Nutzer als China Einwohner hat und einen weltweiten Marktanteil von 91 Prozent an versendeten Nachrichten über Social-Medial-Kanäle.

Wie wir damit umgehen, erinnert stark an die Fehleinschätzung des deutschen Kaisers Wilhelm II., der vor über 100 Jahren selbstsicher behauptete: „Das Auto ist eine vorübergehende Erscheinung. Ich glaube an das Pferd." Europa darf hier den Anschluss an andere Regionen in der Welt nicht weiter verpassen, wir müssen deshalb für die besten und kreativsten Köpfe attraktiver werden.

Wir müssen einen Kulturwandel hin zu mehr unternehmerischem Denken herbeiführen, ein Klima schaffen, in dem unkonventionelle Ideen honoriert werden, und das Bewusstsein fördern, dass nur die neuen Wege zum Erfolg führen und dass Risiko etwas Positives auf dem Weg zum Erfolg ist und nicht etwas, vor dem uns die anderen warnen. Und dass auch Scheitern ein positiver Schritt in die richtige Richtung ist und dass jeder Gewinn – persönlich, unternehmerisch und gesellschaftlich – naturgemäß Risiken voraussetzt. Unternehmerisches Scheitern muss akzeptiert werden als das, was es ist, nämlich ein Versuch, Wohlstand und Arbeitsplätze zu schaffen. Wir brauchen ein Klima, in dem unkonventionelle Ideen honoriert werden, Flexibilität gefördert wird und Neidreflexe zurückgedrängt werden.

Wir müssen das passende wirtschaftliche, gesellschaftliche und steuerliche Umfeld für die Pioniere von morgen schaffen, vor allem durch Abbau von Bürokratie bei Unternehmensgründungen und die Förderung von Venture Capital in Österreich, damit junge Ideen auch finanziert werden können.

Europa muss für die besten Köpfe wieder attraktiv werden: durch noch stärkere Förderung von Grundlagenforschung, angewandter Forschung und Innovation, um die neuen Erkenntnisse auch erfolgreich in den Markt zu bringen.

6. Digitale Zukunft produktiv gestalten

Die Digitalisierung und der technologische Fortschritt schreiten schier unaufhaltsam voran. Die damit zusammenhängenden Veränderungen stellen unsere Gesellschaft vor neue Herausforderungen.

Die Art und Weise, wie wir in Zukunft arbeiten, lernen und uns fortbewegen, wird sich rasant verändern. Die Berufsbilder, wie wir sie heute kennen, werden sich durch den technologischen Fortschritt nach Meinung vieler Experten immer weiter verschieben. Eine Studie der Oxford Universität geht sogar davon aus, dass 47 Prozent der heutigen Arbeitsplätze in den nächsten zwei Jahrzehnten potenziell automatisierbar sind. Strenge hierarchische Strukturen in der Arbeitswelt gehören wohl immer mehr der Vergangenheit an. Die Zahl der Selbständigen, Freelancer und Start-ups nimmt stetig zu. Lebenslange Festanstellungen werden in Zukunft die Ausnahme sein. Hier muss die Politik die passenden Rahmenbedingungen schaffen, um den Arbeitsmarkt und unser Rechts- und Sozialsystem zukunftsfit zu machen. Für die Arbeitswelt von morgen müssen wir vor allem in der Bildungspolitik rechtzeitig die richtigen Weichen stellen. Nur mit einer zeitgemäßen Ausstattung wie dem stärkeren Einsatz von modernen Informationstechnologien im Unterricht und der Gestaltung des Unterrichts können wir zukünftige Generationen auf den digitalen Wandel vorbereiten. Auch im Bereich der Mobilität müssen wir in Zukunft die entsprechende Infrastruktur schaffen. Durch die Elektromobilität und den Einsatz intelligenter Verkehrssysteme wird die Digitalisierung die Mobilität nachhaltig verändern.

7. Bildungssystem verbessern

Österreichs Abschneiden im PISA-Test ist nur ein Zeichen dafür, dass unser Bildungssystem den Herausforderungen der Zeit nicht mehr gewachsen ist. Es berichten beispielsweise leider auch viele Unternehmer immer wieder, dass sie bei Bewerbern oft die notwendigen Grundkompetenzen nicht mehr vorfinden, beispielsweise wenn Bürokauflehrlinge Probleme bei der Rechtschreibung haben.

Das können wir aber nicht durch eine Schattendiskussion über die Einführung einer Gesamtschule für 10- bis 14-Jährige lösen. Hier muss bildungspolitisch viel früher angesetzt werden, um den 6- bis 10-jährigen Kindern eine solide Kompetenzbasis mitzugeben, die sie in die Lage versetzt, ihre Chancen im Leben wahrzunehmen und auf dem Arbeitsmarkt zu bestehen. Auch der Staat würde davon profitieren: Die Kosten für die Verwaltung der Arbeitslosigkeit würden gesenkt werden, wenn wir mehr Geld für die Frühförderung unserer Kinder ausgeben. Auch hier ist es besser, früher zu investieren, als später teuer zu reparieren.

8. Mehr Transparenz und Mitsprache in Österreich

Aktive und informierte Bürgerinnen und Bürger sind das Ziel sowie Ideal einer lebendigen Demokratie. Leider zeigen viele Erfahrungen und Daten, dass die Lage der Demokratie in Österreich und Europa alles andere als erfreulich ist: Politikverdrossenheit, eine stetig sinkende Wahlbeteiligung und eine wachsende Kluft zwischen Politik und Bevölkerung sind dazu einige Symptome. Es ist aber genau die Aufgabe der Politik, die Bürgerinnen und Bürger wieder in den Mittelpunkt der politischen Entscheidung zu stellen und zu motivieren, sich politisch zu informieren, wählen zu gehen und sich wieder politisch zu engagieren. Die Bürgerbeteiligung ist daher zu stärken, Verbesserungen im Wahlrecht und dem politischen System sind zu überlegen und die Nutzung von neuen Technologien, wie dem Ausbau von E-Government, im Dienste des Bürgers ist zu verstärken.

Im Bereich der Bürgerbeteiligung braucht es auch Bewusstseinsbildung und Informationsmöglichkeiten, zum Beispiel durch ein eigenständiges Schulfach „Politische Bildung & Staatskunde". Das ist auch für Erfolge im Bereich der Integration von entscheidender Bedeutung. Es ist daher wichtig, dass dies im Rahmen der Bildungsreform diskutiert wird. Bürgerinnen und Bürger sollten sich auch über Vorgänge in der Verwaltung ein besseres Bild machen können. Mit der Initiative zur Abschaffung des Amtsgeheimnisses sind wir bereits weit gekommen und ich wünsche mir dafür auch noch eine Mehrheit im Parlament. Sinnvoll ist auch die Einführung einer parlamentarischen Bürgeranfrage, die bei 10.000 Unterstützern wie eine Parlamentarische Anfrage zu behandeln und zu beantworten ist. Die Mitsprache der Bürgerinnen und Bürger soll durch den Ausbau der direkten Demokratie, zum Beispiel durch Aufwertung der Volksbegehren, erhöht werden.

Auch das politische System bietet Verbesserungsmöglichkeiten: Das Parlament sollte durch ein Regierungshearing die Möglichkeit zur Mitbestimmung über die Zusammensetzung der Regierung erhalten, die Bürgerinnen und Bürger eine stärkere Mitbestimmung durch ein personalisierteres Wahlrecht, das die Abgeordneten ihren Wählerinnen und Wählern gegenüber stärker direkt verantwortlich macht.

9. Integration durch Leistung

Betrachtet man die Daten nüchtern, gibt es keinen Zweifel daran, dass Österreich ein Einwanderungsland ist. Derzeit haben wir einen Bevölkerungsanteil mit Migrationshintergrund von 19 Prozent und einen positiven Einwanderungssaldo: Zum Beispiel sind 2014 150.000 Menschen nach Österreich zu- und ca. 100.000 abgewandert. Die Realität ist: Österreich wächst nicht durch die Geburten, sondern durch die Zuwanderung. Dieser Realität haben wir viel zu lange nicht ins Auge geblickt. Hinter uns liegen jahrzehntelange

Versäumnisse und jahrzehntelanges angstvolles Wegschauen. Wir haben diese Jahre und Jahrzehnte aufzuholen, auch wenn in den letzten vier Jahren einiges passiert ist. Neben der aktiven Gestaltung des Erbes der Vergangenheit wollen wir aber auch in einen Wettbewerb um die besten Köpfe eintreten und hierfür eine Willkommenskultur schaffen, die diesen Namen auch verdient.

Das Motto in der Integrationspolitik lautet „Integration durch Leistung". Nicht die Herkunft, sondern das, was jeder in Beruf, Familie oder im Ehrenamt leistet, soll als Richtschnur gelten. Ausschlaggebend ist, dass Migranten Deutsch lernen, Einsatz für die Gesellschaft erbringen und Respekt für Österreich haben. Im Gegenzug dazu müssen wir es Migrantinnen und Migranten ermöglichen, sich in ihrer neuen Heimat wohl zu fühlen, ohne ihre Wurzeln zu vergessen.

Dadurch, dass wir das Motto „Integration durch Leistung" mit Leben, mit konkreten Maßnahmen und Aktivitäten erfüllen, leisten wir auch einen Beitrag, das Heimatgefühl von Migrantinnen und Migranten zu steigern. Wir setzen daher einen Schwerpunkt auf die Bereiche Beruf und Bildung und hier insbesondere auf die sprachliche Frühförderung.

Eine gelungene Integration führt auch zu qualifizierten Migranten, die ein großes Potenzial für den Wirtschaftsstandort Österreich darstellen. Daher braucht es auch ein Anerkennungsgesetz. Damit soll es vereinfacht werden, eine im Ausland absolvierte Ausbildung oder einen Beruf hier in Österreich anerkennen zu lassen und ausüben zu können. Zu viel Potenzial, das unsere Migrantinnen und Migranten mitbringen, liegt momentan brach. Krankenschwestern sollten nicht mehr als Putzfrauen arbeiten müssen oder Ärzte als Taxifahrer.

10. Selbstbestimmung, Leistungsbereitschaft und Mut zum Risiko

Meine Vision der österreichischen Gesellschaft ist geprägt durch einen starken Zusammenhalt, hohe Leistungsbereitschaft, nachhaltig aufgestellte Institutionen und einen offenen Blick in die Welt.

Dazu braucht es eine Aufbruchsstimmung, den Mut, Probleme offen anzusprechen, statt sie immer weiter zu ignorieren. Das haben wir mit der Integration gezeigt. Aber es gibt noch viele andere Probleme: Die Schuldenpolitik muss heute beendet und das Pensionssystem heute reformiert werden, um ein solides Fundament für die zukünftigen Generationen zu bieten. Auch der zunehmenden Politikverdrossenheit der Bürger gegenüber den Staaten und der EU muss heute durch mehr Transparenz, Mitsprache und Bürgernähe begegnet werden.

Wir müssen eine Gesellschaft der Unternehmer statt Unterlasser – wieder hungriger und selbstbestimmter – werden. Dafür müssen wir die Angst vor neuen Ideen überwinden und frischen Antrieb entwickeln, die Chancen, die sich uns bieten – wie die Globalisierung –, nützen und die stattfindenden gesellschaftlichen Wandlungen aktiv mitgestalten – Stichwort Digitalisierung. Dafür müssen wir eine offene Kultur schaffen, in der Innovation gefördert und unternehmerischer Mut zum Risiko zugelassen wird.

Mit Mut und gemeinsamem Willen können wir das erreichen. Damit Österreich wieder nach vorne kommt.

Was ist politische Verantwortung?

Irmgard Griss

Politische Verantwortung ist in Zeiten politischer Skandale ein inflationär gebrauchter Begriff. Im politischen Diskurs wird sie regelmäßig vom politischen Gegner eingefordert; in der öffentlichen Diskussion drückt der Ruf nach politischer Verantwortung den Unmut über die Folgen politischer Entscheidungen aus.

Was ist sie aber, die viel beschworene politische Verantwortung? Was sind ihre Konsequenzen, und wer kann sie geltend machen? Ist politische Verantwortung mehr als ein Schlagwort, ist sie mehr als ein Trostpflaster für unzufriedene Bürger und Bürgerinnen? Ja, kann sie das überhaupt sein?

Wenn man versucht, Antworten auf diese Fragen zu finden, muss man zuerst klären, was Verantwortung heißt. Und dann muss man abgrenzen: politische Verantwortung von rechtlicher Verantwortung, von moralischer Verantwortung, von sozialer Verantwortung. Hat man so den Inhalt von politischer Verantwortung zu bestimmen versucht, dann kann man sich der Frage zuwenden, welchen Stellenwert politische Verantwortung in unserem Gemeinwesen hat – und welchen sie haben sollte. Davon hängt es ab, ob politische Verantwortung nicht nur in Zeiten politischer Skandale ein Thema sein sollte.

Was heißt Verantwortung?

Verantwortung ist das Hauptwort zum Verb antworten; auf eine Frage antworten im Sinne von sich rechtfertigen. Ob jemand sich für etwas rechtfertigen soll oder gar muss, hängt davon ab, in welchem Verhältnis er zur Sache steht, auf die sich die Frage bezieht. Es kann von Freiwilligkeit, aber auch von Pflicht gekennzeichnet sein. Denn Verantwortung kann freiwillig übernommen werden, für eine Sache, eine Aufgabe genauso wie für einen Menschen. Sie kann aber auch auferlegt werden oder mit einer Aufgabe verbunden sein.

Verantwortung ist nicht gleichbedeutend mit Haftung, obwohl Verantwortung dazu führen kann, dass für etwas oder für jemanden gehaftet wird. Verantwortung geht weiter als Haftung. Man kann für etwas einstehen, ohne gleichzeitig nachteilige (finanzielle) Folgen tragen zu müssen.

Verantwortung ist aber nicht nur eine Folge unseres Handelns, sie ist auch eine Haltung, auch wenn es insoweit besser ist, von Verantwortungsgefühl zu sprechen. Wer im Bewusstsein seiner Verantwortung handelt, wird einen anderen Maßstab anlegen als der, der sich niemandem und nichts gegenüber verantwortlich fühlt.

Denn Verantwortung existiert nicht im luftleeren Raum. Sie braucht jemanden, dem gegenüber sie gilt, oder etwas, für das sie eingefordert werden kann. Und sie braucht einen Maßstab, an dem sie gemessen wird.

Rechtliche, moralische, soziale, politische Verantwortung

Wenn wir von rechtlicher oder moralischer Verantwortung sprechen, so meinen wir den Maßstab, an dem das Handeln zu messen ist. Bei der rechtlichen Verantwortung ist das unsere Rechtsordnung, bei der moralischen Verantwortung sind es die Regeln der Ethik. Ethische Standards gehen über rechtliche Vorschriften hinaus. Sie taugen regelmäßig nicht als Norm, denn sie bilden nicht das erwünschte Durchschnittsverhalten ab, sondern sie zielen auf Vervollkommnung. Anders als

Rechtsnormen können sie deshalb auch nicht Anknüpfungspunkt für (rechtliche) Sanktionen sein. Bei Rechtsverletzungen hingegen gibt es strafrechtliche und/oder zivilrechtliche Sanktionen, die grundsätzlich von einem unabhängigen Gericht in einem geregelten Verfahren zu verhängen sind. Das Verfahren hat den Grundsätzen eines fairen Verfahrens im Sinne von Art 6 EMRK zu entsprechen.

Soziale Verantwortung, auch Corporate Social Responsibility genannt, meint die Verantwortung von Unternehmen für ihre Auswirkungen auf die Gesellschaft. Sie wird freiwillig übernommen; Verstöße dagegen ziehen keine rechtlichen Sanktionen nach sich, soweit nicht ausdrücklich Rechtspflichten eingegangen werden. Für deren Verletzung gilt das Gleiche wie ganz allgemein für die Verletzung von Rechtsnormen.

Stellt man der rechtlichen, moralischen und sozialen Verantwortung die politische Verantwortung gegenüber, so stellt sich die Frage, an welchem Maßstab sie zu messen ist. Die Verfassung und überhaupt die Rechtsordnung kommen dafür nicht in Frage, denn bei Verstößen dagegen greift die rechtliche Verantwortung.

Politische Verantwortung gilt für Handeln eines Politikers, das nicht durch Rechtsnormen vorgegeben ist. Zu fragen ist daher, ob und welche Regeln dafür gelten. Woran hat sich ein Politiker bei seinem politischen Handeln, bei politischen Entscheidungen zu orientieren? Ein Verhaltenskodex für Politiker, so er denn existiert, gibt darüber nur bedingt Auskunft. Denn bei der politischen Verantwortung geht es nicht um zu enge Kontakte zu Lobbyisten oder um Zusatzeinkünfte eines Politikers. Es geht darum, dass sich politisches Handeln oder eine politische Entscheidung im Nachhinein als falsch herausstellt.

Damit steht keineswegs schon fest, dass jemand dafür politisch verantwortlich ist. Denn Verhalten, ob politisches oder anderes Verhalten, kann immer nur nach den zeitgleichen Umständen beurteilt werden und nie aus nachträglicher Sicht. Anhaltspunkte dafür, wie vorgegangen werden kann, gibt die Business Judgment Rule. Sie begrenzt die Haftung für unternehmerische Entscheidungen, indem sie darauf abstellt, ob die notwendigen Informationen beschafft und angemessen aufbereitet wurden, ob der Handelnde annehmen konnte, dass die Entscheidung dem Wohl des Unternehmens dient, und ob die Entscheidung frei von Interessenkonflikten zustande kam.

Diese Grundsätze können auch auf politische Entscheidungen übertragen werden. Denn auch von Politikern kann keine Garantie für den Erfolg verlangt werden. Sie sind aber dafür verantwortlich, dass die notwendigen Informationen für ihre Entscheidung beschafft und angemessen aufbereitet werden. Wesentlich ist auch, ob sie annehmen können, dass die Entscheidung dem Wohl der Allgemeinheit dient, und ob die Entscheidung frei von Interessenkonflikten zustande kommt.

Wer prüft nun, ob politisches Handeln und vor allem politische Entscheidungen diesen Anforderungen entsprechen? Und wer verhängt welche Sanktionen, wenn dies nicht der Fall ist?

In erster Linie sollen es die Politiker und Politikerinnen selbst sein, die ihr Verhalten an diesen Maßstäben messen. Sie sollen auch die Konsequenzen ziehen, wenn sie sich bei kritischer Prüfung ihres Verhaltens eingestehen müssen, dass sie den Anforderungen nicht gerecht geworden sind. Dabei umfasst die Verantwortung nicht nur das, was sie persönlich gemacht oder nicht gemacht haben, sondern erstreckt sich auch auf Schäden und sonstige Fehlentwicklungen, zu denen es aufgrund von Fehlleistungen der ihnen unterstellten Organe staatlicher Institutionen gekommen ist. Ihre Verantwortung kann dazu führen, dass sie ihr Amt freiwillig aufgeben. Das Mindeste aber ist, dass sie „Rede und Antwort stehen" und sich den Bürgern und Bürgerinnen gegenüber zu rechtfertigen suchen. Das können und sollen auch diejenigen tun, die nicht mehr im Amt sind.

Unabhängig davon, ob Politikerinnen und Politiker bereit sind, ihre politische Verantwortung selbst wahrzunehmen, haben im Bereich der Vollziehung des Bundes der Nationalrat und eigens gebildete parlamentarische Untersuchungsausschüsse die Aufgabe, bedenkliche Sachverhalte aufzuklären und die wesentlichen Tatsachen festzustellen. Allfällige Konsequenzen aus solchen Feststellungen hat ebenfalls der Nationalrat zu ziehen. Sie können in einem Misstrauensvotum oder – bei Verstößen gegen die Bundesverfassung – in einer Ministeranklage mit möglichem Amtsverlust bestehen. Bei der Ministeranklage geht es allerdings nicht mehr um politische Verantwortung im hier besprochenen Sinn, sondern bereits um rechtliche Verantwortung.

Sowohl ein Misstrauensvotum als auch eine Ministeranklage setzen voraus, dass verantwortliche Politiker noch im Amt sind. Bedeutet das, dass politische Verantwortung leerläuft, sobald ein Politiker sein Amt aufgegeben hat? Ist sie auf die Amtszeit eines Politikers begrenzt? Und ist politische Verantwortung daher auch gar nicht das, worauf es den Bürgerinnen und Bürgern in Wahrheit ankommt?

Politische Verantwortung vs. Verantwortungsgefühl

Was ist für die Bürger und Bürgerinnen wichtig? Wie sollen Politikerinnen und Politiker handeln? Von welchen Erwägungen sollen sie sich dabei leiten lassen? Gelten für politische Entscheidungen andere Kriterien als etwa für unternehmerische Entscheidungen?

Ich glaube das nicht. Denn jede Entscheidung, in welchem Bereich und von wem immer sie auch getroffen wird, sollte auf der Analyse von Fakten beruhen. Die Analyse liefert die Grundlage, auf der die verschiedenen Handlungsalternativen erarbeitet werden können. Denn dass etwas „alternativlos" sei, und zwar im Sinne von „man braucht gar nicht weiter nachzudenken, denn es gibt keinen anderen Weg", kann man im Vorhinein – außer in ausgesprochenen Notfällen – regelmäßig nicht sagen.

Im Normalfall gibt es mehrere Möglichkeiten, und im Normalfall hat jede Alternative ihre Vorteile und ihre Nachteile. Sie nützt dem einen und schadet dem anderen, sie begünstigt den einen mehr, den anderen weniger, sie schadet dem einen mehr, dem anderen weniger. Dabei können jedoch die möglichen Folgen einer Entscheidung immer nur vom gegenwärtigen Standpunkt aus beurteilt werden, denn hellseherische Fähigkeiten besitzt niemand. Sie können daher auch weder vorausgesetzt noch verlangt werden. Damit kann es auch keine absolute Sicherheit geben, was die Folgen einer Entscheidung sein werden. Bei sorgsamer Vorbereitung lässt sich aber mit einer gewissen Verlässlichkeit abschätzen, wie sich eine Entscheidung auswirken wird, welche Nebenwirkungen damit verbunden sein werden, ob die Bilanz letztlich positiv oder negativ ausfallen wird.

Die voraussichtlichen Folgen sind maßgebend dafür, wie die Alternativen zu bewerten sind. Die Bewertung wiederum bildet die Grundlage, auf der die Alternativen gegeneinander abzuwägen sind. Zu einer richtigen Entscheidung kann und wird die Abwägung der Alternativen nur führen, wenn dabei redlich vorgegangen wird. Redlich sich selbst gegenüber und redlich gegenüber denjenigen, die die Entscheidung betrifft. Redlich heißt, dass die wahren Erwägungen offengelegt werden.

Sich selbst gegenüber die wahren Erwägungen offenzulegen, erhöht die Chance, dass eine richtige Entscheidung getroffen wird. Denn niemand ist davor gefeit, sich von sachfremden

Motiven leiten zu lassen. Erst das Eingeständnis, dass es sachfremde Motive sein können, die eine Alternative attraktiver erscheinen lassen, macht eine Entscheidung möglich, die sachlich und fachlich begründet ist. Gegenüber den Betroffenen ist die Offenlegung der wahren Erwägungen eine Frage des Respekts und gleichzeitig eine Voraussetzung dafür, dass sie die Entscheidung auch akzeptieren.

Wie weit kann nun politische Verantwortung dazu beitragen, dass Politiker ihr Handeln und vor allem ihre Entscheidungen nach diesen Leitlinien ausrichten? Rechtliche Verantwortung steuert das Verhalten, weil rechtswidriges Verhalten mit Sanktionen belegt ist. Gleiches gilt für moralische Verantwortung, wenn auch in einem geringeren Maß. Hier sind es vor allem das eigene Gewissen und der Verlust an Ansehen im sozialen Umfeld, die sicherstellen können, dass ethische Standards eingehalten werden.

Anders als bei der rechtlichen Verantwortung gibt es bei der politischen Verantwortung keine rechtlichen Sanktionen. Wie bei der moralischen Verantwortung ist es in erster Linie die innere Einstellung der Politiker und Politikerinnen, auf die es ankommt. Politikerinnen und Politiker müssen ein Verantwortungsgefühl besitzen oder jedenfalls entwickeln; ihnen muss bewusst sein, dass sie mit ihrem Handeln, ihren Entscheidungen, die Lebensverhältnisse der Bürgerinnen und Bürger, ja selbst künftiger Generationen, gestalten und damit in das Leben von Menschen eingreifen. Gleichzeitig muss ihnen bewusst sein, dass ihnen Macht anvertraut ist, um im Interesse der Allgemeinheit wirken zu können, und die Macht nicht zur Erhöhung und Überhöhung der eigenen Person missbraucht werden darf.

Wie stark dieses Bewusstsein und damit das Verantwortungsgefühl sein und wie sehr es Handeln und Entscheidungen beeinflussen wird, hängt natürlich von der Persönlichkeit ab.

Politiker oder Politikerin sollte aber jedenfalls nur jemand sein, der ein ausgeprägtes Verantwortungsgefühl besitzt. Wie will und kann man das sicherstellen?

Politiker und Politikerinnen werden üblicherweise gewählt; es liegt daher letztlich an den Wählerinnen und Wählern, ob und in welchem Maß das Verantwortungsgefühl ein Auswahlkriterium für künftige Politikerinnen und Politiker ist. Man kann entgegenhalten, dass Verantwortungsgefühl ja keine auf den ersten Blick sichtbare Eigenschaft eines Menschen ist. Das ist sicher richtig; Verhalten und Äußerungen einer Person lassen aber Rückschlüsse darauf zu, ob jemand Verantwortungsgefühl besitzt. Wahrnehmen kann und wird das allerdings nur jemand, der bereit und in der Lage ist, Verhalten und Äußerungen kritisch zu hinterfragen. Das setzt wiederum die Bereitschaft und die Fähigkeit zum kritischen Denken voraus.

Kritisches Denken ist der Dreh- und Angelpunkt politischer Bildung. Es kann gelehrt und gelernt werden und sollte, wie in England, ein Unterrichtsfach an Schulen sein. Das Bestreben einzelner Lehrer und Lehrerinnen, in ihrem Fach den Schülern und Schülerinnen kritisches Denken beizubringen, ist zwar von unbestreitbarem Wert, kann aber allein nicht genügen. Denn Ziel muss es sein, eine kritische Masse kritisch Denkender zu erreichen. Wenn das gelingt, dann haben wir eine faire Chance auf mehr Redlichkeit, Rationalität und damit auch Qualität in der Politik.

Schlussbemerkung

Politische Verantwortung im Sinne von Verantwortungsgefühl mag weniger attraktiv erscheinen als politische Verantwortung, bei der die mögliche Sanktion im Vordergrund steht. Denn die Forderung nach Verantwortungsgefühl eignet sich nicht zum Wechseln von politischem Kleingeld. Sie gilt auch unterschiedslos, für jeden Politiker und jede Politikerin, für Kritiker politischer Entscheidungen genauso wie für jene, deren Entscheidungen kritisiert werden. Und sie erhöht die Verantwortung der Bürgerinnen und Bürger, sich mit den zur Wahl Stehenden kritisch auseinanderzusetzen und sich vor allem zu fragen, wie es mit dem Verantwortungsgefühl der Kandidaten und Kandidatinnen steht.

Dieser Verantwortung können Bürgerinnen und Bürger nur gerecht werden, wenn sie die Fähigkeit zum kritischen Denken entwickeln und auch einsetzen. Nur dann werden sie in der Lage sein, zwischen Aufmachung und Inhalt zu unterscheiden und hinter die schönen Fassaden zu blicken, mit denen uns Spindoktoren und Medienberater fast rund um die Uhr beglücken. Der Blick dahinter mag ernüchternd sein, er ist aber auch aufbauend, denn er stärkt und bestärkt die Politikerinnen und Politiker, denen es um die Sache und nicht um den kurzfristigen und kurzsichtigen Vorteil für ihre Partei und vor allem auch für sie selbst geht.

Reformmaßnahmen:
Reden reicht nicht – Handeln!

Josef Moser

Das Wort „Verwaltungsreform" ist ein oft verwendetes, deren Umsetzung allerdings nach wie vor unzureichend. Es steht zwar mittlerweile außer Streit, dass Strukturmaßnahmen notwendig sind, und das ist positiv. Die Budgetdaten des öffentlichen Haushalts machen aber deutlich, dass Reformmaßnahmen nun rasch in Angriff genommen werden müssen. Andernfalls wird es uns nicht gelingen, Österreich wettbewerbsfähig zu halten und die Nachhaltigkeit zu sichern. Genau das ist aber unsere Aufgabe, wenn wir unseren Kindern eine sichere, qualitätsvolle Zukunft ermöglichen wollen.

Wie prekär die Lage bereits ist, zeigt ein Blick auf die Zahlen: im Zeitraum 2010 bis 2014 stieg die staatliche Gesamtverschuldung von 242,44 Mrd. EUR auf 278,09 Mrd. EUR (+14,7 Prozent) an; der öffentliche Schuldenstand lag 2014 mit 84,5 Prozent des BIP über der Referenzmarke (Maastricht-Kriterien) von 60 Prozent. Das gesamtstaatliche Defizit betrug 2014 7,916 Mrd. EUR.

Die Nettofinanzschulden des Bundes erhöhten sich von 186,74 Mrd. EUR im Jahr 2010 auf 207,64 Mrd. EUR im Jahr 2014 (+17,4 Prozent). Der Nettofinanzierungssaldo – also die Differenz zwischen Auszahlungen und Einzahlungen des Bundes – kam 2014 auf -3,190 Mrd. EUR. Betrachtet man das Vermögen des Bundes für 2013 und stellt es dessen Schulden gegenüber, so sieht man, dass die Verbindlichkeiten das Vermögen mit -140,591 Mrd. EUR deutlich überstiegen.

Weiters zeigt sich, dass insbesondere die Ausgaben für Pensionen stetig wachsen. Im Jahr 2014 betrugen diese 19,40 Mrd EUR (vor allem Zuschuss des Bundes zu ASVG-Pensionen und

Zahlungen für Beamtenpensionen), im Jahr 2018 sollen sie gemäß Bundesfinanzrahmengesetz 2015 bis 2018 auf 22,56 Mrd. EUR steigen.

Angesichts der budgetären Lage und des demografischen Wandels hat der Rechnungshof bereits seit Jahren auf die Dringlichkeit von strukturellen Reformmaßnahmen aufmerksam gemacht. Er hat in seinen Berichten eine Reihe von konkreten Bereichen aufgezeigt, die Verbesserungspotenzial für die Nachhaltigkeit der öffentlichen Finanzen Österreichs aufweisen. Dazu zählen insbesondere das Gesundheitswesen, Pensionen, Pflege, Bildung, Bankenwesen, Steuersystem, Förderungswesen, Öffentliche Verwaltung und der Finanzausgleich.

Weiters hat der Rechnungshof immer wieder betont, dass das Rechnungswesen und die Veranschlagung der österreichischen Gebietskörperschaften dringend in Anlehnung an die Haushaltsrechtsreform des Bundes harmonisiert werden sollten. Dies ist notwendig, um den Entscheidungsträgern wesentliche Daten zur Haushaltssteuerung zur Verfügung zu stellen.

Konsolidierungsmaßnahmen – eine internationale Verpflichtung

Der österreichische Haushalt im EU-Kontext

Die Frage der Sicherstellung der Nachhaltigkeit öffentlicher Finanzen ist dabei keineswegs auf Österreich beschränkt. Die Europäische Union hat in den vergangenen Jahren – insbesondere vor dem Hintergrund der Wirtschafts- und Finanzkrisen – die Koordinierung der Haushalts- und Wirtschaftspolitik verstärkt. Ziel der Union ist es, problematische wirtschaftliche Entwicklungen wie übermäßige öffentliche Defizite oder Schuldenstände, die das Wachstum hemmen und die Volkswirtschaften gefährden, zu ermitteln, zu vermeiden und zu korrigieren.

Durch die Zusammenarbeit werden langfristige Lösungen eingesetzt, um Stabilität und Wachstum zu sichern, anstatt schnelle Fehlerbehebungen durch kurzfristige Ziele durchzuführen.

Als EU-Mitglied haben wir somit gegenüber den anderen Mitgliedstaaten Verantwortung übernommen und haushalts- und wirtschaftspolitische Vorgaben zu beachten. So verpflichtet der Stabilitäts- und Wachstumspakt die EU-Mitgliedstaaten, ein länderspezifisches, mittelfristiges Haushaltsziel eines „nahezu ausgeglichenen Haushalts bzw. eines Überschusses" einzuhalten, das die Nachhaltigkeit der öffentlichen Finanzen gewährleisten soll. Die Mitgliedstaaten müssen in ihren jährlichen Stabilitätsprogrammen berichten, wie sie die mittelfristigen Haushaltsziele erreichen bzw. halten wollen. Die fortschreitende Finanz- und Wirtschaftskrise hat die EU zudem veranlasst, ihre Vorgaben in den vergangenen Jahren sukzessive – etwa im Rahmen des sogenannten Six-Pack und Two-Pack – zu verschärfen.

Österreich hat im Jahr 2015 einen strukturell ausgeglichenen Haushalt, das heißt ein strukturelles Defizit von höchstens -0,5 Prozent des BIP, zu erreichen. Stellt sich eine „erhebliche Abweichung" der Haushaltslage vom mittelfristigen Haushaltsziel heraus, leitet die EU ein Defizitverfahren ein. Als „erheblich" wird eine Abweichung dann eingestuft, wenn die Abweichung des strukturellen Saldos eines Jahres mindestens 0,5 Prozent des BIP oder in zwei aufeinanderfolgenden Jahren im Durchschnitt mindestens 0,25 Prozent des BIP jährlich beträgt. Im Falle der Fortsetzung des Verstoßes sind finanzielle Sanktionen vorgesehen.

Weiters sehen die EU-Vorgaben vor, dass die Mitgliedstaaten jährlich ihre Haushaltsplanung für das folgende Jahr vorlegen müssen. Diese wird dann von der EU-Kommission in Bezug auf die Einhaltung des Stabilitäts- und Wachstumspakts bewertet. Da Österreich die Vorgaben 2014 mit einem strukturellen Defizit von -1,0 Prozent des BIP bzw. 2015 mit einem strukturellen Defizit von -0,9 Prozent des BIP nicht einhalten würde, forderte die Kommission Nachbesserungen ein – sowohl für die Haushaltsplanung für das Jahr 2014 als auch für jene für 2015.

Im Mai 2014 kündigte Österreich gegenüber der Kommission zusätzliche Maßnahmen an, deren Umfang sich im Jahr 2014 auf annähernd eine Mrd. EUR belaufen sollte. Davon sollten 525 Mio. EUR durch Mehreinnahmen erzielt werden. Weitere 460–465 Mio. EUR sollten ausgabenseitig – u.a. bei Pensionsausgaben und durch Vermeidung von Doppelförderungen – eingespart werden. Die Europäische Kommission anerkannte jedoch nach Prüfung der Art und des möglichen Ertrags der Maßnahmen davon nur 630 Mio. EUR (0,2 Prozent des BIP). Es bestand nach Ansicht der Europäischen Kommission somit weiterhin die Gefahr der „deutlichen" Abweichung vom Stabilitäts- und Wachstumspakt. Deshalb forderte der Rat im Juli 2014 die österreichische Bundesregierung erneut zu Änderungen bei der Haushaltsplanung auf.

Das Finanzministerium teilte der Kommission daraufhin im Oktober 2014 in einem neuerlichen Schreiben mit, zusätzlich einnahmen- und ausgabenseitige Nachbesserungen in Höhe von 1,035 Mrd. EUR (0,3 Prozent des BIP), u.a. bei der Betrugsbekämpfung und durch Verwaltungsreformmaßnahmen, für 2015 vorzunehmen. Von diesen Maßnahmen anerkannte die Europäische Kommission jedoch wiederum nur 772 Mio. EUR (0,2 Prozent des BIP). Sie warnte davor, dass im Zweijahreszeitraum 2014 und 2015 die Haushaltsplanung Österreichs, selbst unter Berücksichtigung der angekündigten Nachbesserungen, Gefahr laufe, sowohl bei der strukturellen Anpassung als auch beim Ausgabenrichtwert von den Vorgaben der erforderlichen Anpassung „erheblich" abzuweichen.

Vor diesem Hintergrund wies die Kommission Österreich

Anfang 2015 in ihren länderspezifischen Empfehlungen auf Handlungsbedarf bei der Straffung der Finanzbeziehungen zwischen Bund, Ländern und Gemeinden und bei der Senkung der Steuer- und Abgabenbelastung der Arbeit hin. Wie bereits in den Vorjahren machte sie auf notwendige Reformen insbesondere in den Bereichen öffentliche Finanzen und Bankensektor, Besteuerung, Pensionen, Gesundheitswesen, Pflegewesen, Arbeitsmarkt, Bildungswesen und Dienstleistungswettbewerb aufmerksam. Die Empfehlungen der EU deckten sich damit einmal mehr mit jenen, die der Rechnungshof seit Jahren zur Steigerung von Effizienzpotenzialen ausspricht.

Die Eurogruppe, das Gremium der Europäischen Union, in dem die Staaten der Eurozone ihre Steuer- und Wirtschaftspolitik koordinieren, teilte die Einschätzungen der Kommission. Sie forderte Österreich ebenfalls zu weiteren Maßnahmen auf, um das Risiko der Abweichung vom budgetären Anpassungspfad einzudämmen.

Auch der Fiskalrat, dessen Aufgabe die nationale Überwachung internationaler Vorgaben an die Fiskalpolitik ist, warnte zu Beginn 2015 vor der Gefahr einer „erheblichen Abweichung" vom geforderten Anpassungspfad im Rahmen des Stabilitäts- und Wachstumspaktes. Er empfahl die Durchführung von Strukturreformen mit einer Veränderung der Aufgabenverteilung zwischen den Gebietskörperschaften u.a. beim Gesundheitswesen, bei der Pflege, dem Förderwesen oder bei der Bildung. Die Weiterentwicklung der gesamtstaatlichen Haushaltsplanung durch ein verpflichtendes strategisches Finanzmanagement sowie durch harmonisierte periodenbezogene Rechnungslegungsvorschriften auf Länder- und Gemeindeebene hob auch der Fiskalrat als wesentlichen Punkt hervor.

Bedenken hinsichtlich des österreichischen Haushalts hatte schließlich auch der ECOFIN – der Europäische Rat für Wirtschaft und Finanzen – geäußert. Bereits im Juli 2013 hielt er fest, dass die Kompetenzüberschneidungen der österreichischen Gebietskörperschaften hinsichtlich der Finanzierungs- und Ausgabenkompetenzen eine Herausforderung darstellten. Und auch der Rat sah Optimierungspotenzial insbesondere im Pensionssystem, im Gesundheitssektor und im Bildungsbereich sowie bei den verstaatlichten und teilweise verstaatlichten Banken.

Post-2015-Entwicklungsagenda: Nachhaltigkeitsziele der Vereinten Nationen

Zum Handeln im Dienste der Nachhaltigkeit hat sich auch die internationale Staatengemeinschaft bekannt. Mit den sogenannten Milleniumszielen (Millenium Goals) haben die Vereinten Nationen zum ersten Mal ein Bündel gemeinsamer Entwicklungsziele vereinbart. Schwerpunkt dieser Ziele lag auf den Entwicklungsländern und der Armutsbekämpfung. Das Nachfolgeprogramm – die „Sustainable Development Goals" – verfolgt einen breiteren Ansatz und zielt explizit auf die Sicherstellung der Nachhaltigkeit ab. Die Ziele sollen aktionsorientiert, global ausgerichtet und auf alle Länder anwendbar sein. Die Staats- und Regierungschefs der Mitgliedstaaten der Vereinten Nationen werden kommenden Herbst die Post-2015-Entwicklungsagenda, in denen diese Ziele definiert sind, verabschieden.

In ihren Grundsatzdokumenten zu den Nachhaltigkeitszielen nehmen die Vereinten Nationen insbesondere auch den öffentlichen Sektor in die Pflicht. Dieser müsse eine klare Richtung vorgeben. Jede nationale Regierung hat laut Vereinten Nationen die Verantwortung, die öffentlichen Mittel bereitzustellen, um grundlegende wirtschaftliche und soziale Funktionen zu gewährleisten. Nationale Maßnahmen sollen entsprechend rechtzeitig gesetzt werden und öffentliche Institutionen auch im öffentlichen Interesse agieren. Die Vereinten Nationen beziehen sich dabei auf Maßnahmen, die für die Umwelt und sozial verträglich sein sollen, die Menschenrechte fördern sowie starke Institutionen und die Rechtsstaatlichkeit unterstützen.

Zur Förderung von Investitionen und Stärkung der Nachhaltigkeit hebt die internationale Organisation auch die Neugestaltung von Kontrollstrukturen hervor. Nationale Kontrollmechanismen, wie beispielweise Rechnungshöfe, sollen demnach gestärkt werden.

Die Vereinten Nationen appellieren an die Staatengemeinschaft, nationale und internationale Führungsverantwortung wahrzunehmen. Andernfalls gebe es das Risiko des weiteren globalen Zerfalls, der Straflosigkeit und des Unfriedens, womit wir unseren Planeten gefährden und eine friedliche Zukunft, nachhaltige Entwicklung und die Einhaltung der Menschenrechte aufs Spiel stellen. Die Organisation ruft zu einer gemeinsamen Kraftanstrengung zur Mobilisierung des politischen Willens und der notwendigen Ressourcen zur Stärkung der Nationen und des multilateralen Systems auf – zum gemeinsamen Handeln im Dienste der Nachhaltigkeit. In diesem Zusammenhang weisen die Vereinten Nationen in ihren Resolutionen A66/209 aus 2011 und A69/228 aus 2014 darauf hin, dass die Mitgliedstaaten der Unabhängigkeit und dem Kapazitätsaufbau von Rechnungshöfen entsprechende Bedeutung beimessen sollen. Dies deshalb, weil Rechnungshöfe nur unter diesen Voraussetzungen einen wesentlichen Beitrag zur nachhaltigen Entwicklung und zur Umsetzung der Milleniumsziele leisten können. Darüber hinaus fordern die Vereinten Nationen, die Verbesserung des öffentlichen Rechnungswesens sicherzustellen und somit eine gute Staats- und Regierungsführung auf allen Ebenen zu fördern.

Nachhaltigkeit in Österreich – Was können wir tun?

Uneinheitlichkeit der Rechnungswesen
der Länder und Gemeinden

Ein grundlegendes Problem des öffentlichen Haushalts in Österreich ist, dass die wahre finanzielle Lage der Länder und Gemeinden aufgrund der Gestaltung des Rechnungswesens nicht ausreichend transparent ist. So gibt es keine konsolidierte Ergebnis-, Finanzierungs- und Vermögensrechnung und die ausgegliederten Einheiten sind nicht einbezogen. In der von den Gebietskörperschaften – mit Ausnahme des Bundes – angewendeten Kameralistik sind wichtige Ergebnisgrößen ohne Zusatzinformationen nicht erkennbar. Außerdem unterscheiden sich die Systeme der Rechnungswesen voneinander. Das heißt, es ist keine Vergleichbarkeit gegeben.

Um die wahre finanzielle Lage der Gebietskörperschaften abzubilden, wäre nach Vorbild der Haushaltsrechtsreform des Bundes mehr Aussagekraft und Transparenz in ihren Rechnungsabschlüssen dringend erforderlich. So müssten die Vergleichbarkeit von Datengrundlagen, der Kontierung und Verbuchungspraxis zwischen den Ländern hergestellt werden, zahlungswirksame Aufwendungen und Erträge sowie die Ergebnisse ausgegliederter Einheiten einbezogen und Vermögen und Schulden sachgerecht und vergleichbar bewertet werden. Schließlich wären Verbindlichkeiten bzw. Belastungen künftiger Finanzjahre sowie Haftungen (z.B. Leasing, Sonderfinanzierungen, Wohnbauförderung) transparent zu machen, um eine vollständige Darstellung zu gewährleisten.

Nur wenn diese Voraussetzungen erfüllt werden, wird es möglich sein, gesamtstaatlich die Steuerungs- und Budgethoheit umfassend wahrzunehmen, da nur dann ein aussagekräftiger Überblick über den ökonomischen Gesamtverantwortungsbereich gegeben sein wird. Auf dieser Basis könnte die Gesamtsteuerung ausgehend von einer Übersicht über vergangene Entwicklungen und daraus abgeleiteten Prognoserechnungen – insbesondere im Rahmen einer mittelfristigen Finanzplanung – erfolgen. Erst damit würde Österreich die Verpflichtungen, die sich aus der Finanzrahmenrichtlinie ergeben, nämlich die Herstellung eines kohärenten Rechnungswesens auf Ebene des Bundes, der Länder und der Gemeinden, erfüllen. Darüber hinaus decken sich diese Harmonisierungserfordernisse mit den Vorgaben der Resolutionen A66/209 aus 2011 und A69/228 aus 2014 der Vereinten Nationen.

Ein weiteres Problem bei der staatlichen Budgetplanung und -steuerung sind die uneinheitlichen Planungsdokumente der Gebietskörperschaften. Diese weichen sowohl hinsichtlich Informationsgehalt als auch Zeitraum und Zielsetzungen voneinander ab. Es gibt keine durchgängige rollierende Planung, geschweige denn eine inhaltliche Abstimmung. Damit greifen die Planungsdokumente nicht ineinander und münden nicht im Stabilitätsprogramm. Der verfassungsrechtlichen Verpflichtung zur Koordination der Haushaltsführung wird damit nicht entsprochen. Abweichende Berechnungsmethoden und Inhalte verhindern eine ganzheitliche, abgestimmte Planung und Steuerung. Um hier zukunftsfit zu werden, müssten die österreichischen Planungsdokumente aufeinander abgestimmt und österreichweite Mindestanforderungen definiert werden.

Kompetenzzersplitterungen und Doppelgleisigkeiten

Die öffentliche Verwaltung in Österreich ist von starken Kompetenzzersplitterungen geprägt. Involvierte Akteure und Stellen verfolgen häufig entgegengesetzte bzw. unterschiedliche Interessen, was zu Ineffizienzen führt. Beispielsweise sind mit dem Schutz vor Naturkatastrophen in Österreich vier Ministerien und neun Länder betraut. Die Interessenkollisionen der involvierten Stellen führten bei Schutzwasserbauprojekten in vielen Fällen zu Umsetzungsdauern von über zehn Jahren. Notwendige Schutzmaßnahmen wurden trotz vorhandener Gefährdung teilweise nicht im erforderlichen Umfang gesetzt. Dieses Beispiel macht bereits deutlich, welche konkreten negativen Konsequenzen eine komplexe Verwaltungsstruktur letztlich auch für jeden einzelnen Bürger haben kann.

Vermischte und verflochtene Kompetenzbereiche hinsichtlich der Aufgabenträgerschaft und der Finanzierung bestehen außerdem im Bereich der Bildung, bei Krankenanstalten oder im Förderwesen. Damit ist die institutionelle Kongruenz von Finanzierungs-, Aufgaben- und Ausgabenkompetenz beeinträchtigt.

Finanzierungs-, Aufgaben- und Ausgabenverantwortung
Die Trennung von Wahrnehmung der öffentlichen Aufgaben und deren Finanzierung im Wege eines außerordentlich komplexen Systems, das von engen Verflechtungen der einzelnen Gebietskörperschaften geprägt ist, ist ein weiteres häufiges Problem der öffentlichen Verwaltung in Österreich. Eine der grundlegenden Bedingungen für ein ökonomisch effizientes Gesamtsystem ist jedoch, dass die Verantwortung für die Aufbringung der erforderlichen Finanzmittel und für die sachgerechte Aufgabenwahrnehmung bzw. Angemessenheit der dafür getätigten Ausgaben möglichst in einer Hand liegen sollen.

Insbesondere bei Bildung und Gesundheit, aber etwa auch im Bereich der Sozialhilfe oder im Katastrophenschutz fallen Finanzierungs-, Aufgaben- und Ausgabenverantwortung in Österreich eklatant auseinander. Das bedeutet, dass eine Institution oder Gebietskörperschaft eine Aufgabe wahrzunehmen hat, die aber von einer anderen Gebietskörperschaft finanziert wird, wobei der „Financier" bei der Gestaltung der Aufgabe nicht mitreden und auf Fragen der Sparsamkeit, Wirtschaftlichkeit und Zweckmäßigkeit kaum Einfluss nehmen kann. Die Zusammenführung von Aufgaben-, Ausgaben- und Finanzierungsverantwortung wäre somit ein wichtiger Schritt für einen effizienten Mitteleinsatz. Ein erster Ansatzpunkt sollte in diesem Zusammenhang ein aufgabenorientierter Finanzausgleich sein.

Derzeit bedient man sich der sogenannten 15a-Vereinbarungen des Bundesverfassungsgesetzes, um budgetär relevante Angelegenheiten zwischen Bund und Ländern zeitlich und inhaltlich getrennt zu regeln. Dadurch kommt es zu einer Aufweichung des Grundsatzes nach § 2 Finanzverfassungsgesetz, wonach jene Gebietskörperschaft den Aufwand zu tragen hat, der sich aus der Besorgung ihrer Aufgaben ergibt. Statt einer Vereinfachung ist die Erhöhung der Anzahl der Finanzierungsströme die Folge, die notwendige finanzielle Gesamtsicht wird erschwert und eine nachhaltige Finanzierbarkeit relevanter Bereiche kann nicht sichergestellt werden. Die durch 15a-Vereinbarungen bedingte Verschiebung der finanziellen Belastungen zwischen den Gebietskörperschaften geht zudem großteils zu Lasten des Bundes, wie die Beispiele Mindestsicherung, Flüchtlingsbetreuung oder Flugrettung zeigen. Hinzu kommt, dass 15a-Vereinbarungen nur schwierig abgeändert werden können und bei Verträgen mit langer Dauer keine Kostenwahrheit mehr gegeben ist.

Im Rahmen der Verhandlungen zum Finanzausgleich wären daher jedenfalls 15a-Vereinbarungen im Hinblick auf Kompetenzverschiebungen und Mischfinanzierungen zu hinterfragen. Grundsätzlich ist ein effizienter gesamtstaatlicher Mitteleinsatz bzw. dessen Steuerung nur dann möglich, wenn die verfassungsmäßigen Zuständigkeiten der Gebietskörperschaften konsequent mit der Verantwortung für deren Finanzierung verknüpft sind. Dafür sind klare Regelungen bzw. Definitionen zur vereinbarten Quantität und Qualität der zu erbringenden Leistungen anhand von messbaren Leistungszielen sowie Sanktionsmaßnahmen für den Fall, dass letztere nicht erreicht werden, notwendig.

Reformmaßnahmen – mehr Qualität für Bürgerinnen und Bürger

Verwaltungsreformmaßnahmen werden häufig auf die Frage nach Einsparungs- bzw. Effizienzpotenzialen reduziert. Dabei wird darauf vergessen, dass komplexe Verwaltungsstrukturen nicht nur mangelnde Effizienz zur Folge haben, sondern auch zu Lasten der Qualität gehen, was sich wiederum, wie bereits angesprochen, negativ für uns Bürgerinnen und Bürger auswirkt. Ein gutes Beispiel dafür ist der Sozialbereich. Der Rechnungshof hat in seinem Bericht zur Sozialabteilung der Landesregierung Steiermark und zum Bundessozialamt aufgezeigt, dass einem Menschen mit Behinderung 16 verschiedene Ansprechpartner gegenübertraten und für eine koordinierte staatliche Vorgangsweise 27 Beziehungen zwischen Behörden, Dienststellen, Maßnahmenträgern und Dienstleistern abzustimmen waren. Dies war weder für die Selbstbestimmtheit des Betroffenen noch für eine effiziente Mittelverwendung hilfreich.

Auch auf die Patientenversorgung haben die zersplitterten Strukturen in Österreich negative Auswirkungen. Das hat u.a. die Prüfung des Rechnungshofes „Qualitätssicherungsmaßnahmen in der Patientenbehandlung" verdeutlicht. Aufgrund der komplexen Entscheidungsstrukturen gibt es nach wie vor zu wenige bundesweit verbindliche Qualitätsvorgaben für die Erbringung von Gesundheitsleistungen. Im Österreichischen Strukturplan Gesundheit sind zwar Qualitätskriterien festgelegt, diese wurden aber vielfach nicht eingehalten.

Besonders deutlich wird dies bei den Mindestfrequenzen von operativen Eingriffen, die häufig nicht erfüllt wurden. Viele Krankenanstalten hatten Schwierigkeiten, die vorgegebene Anzahl an Mindesteingriffen – beispielsweise bei Hüft- oder Schilddrüsenoperationen – zu erreichen. Dies wäre insbesondere deshalb erforderlich, weil die Erfüllung von Mindestfrequenzen für die Behandlungsqualität von wesentlicher Bedeutung ist.

Im Bildungsbereich zeigt sich, dass wir vergleichsweise hohe Ausgaben (Input) und durchschnittliche Erfolge (Output) verzeichnen. Die durchschnittlichen Klassengrößen liegen im OECD-Durchschnitt, das Lehrer-Schüler-Verhältnis ist überdurchschnittlich gut. Demgegenüber ist die Qualität des österreichischen Bildungssystems nur durchschnittlich. Das bedeutet, das Geld kommt nicht bei den Schülerinnen und Schülern an, stattdessen versickert es in den komplex miteinander verwobenen Strukturen von Bund, Ländern und Gemeinden.

Eine Kompetenzbereinigung komplexer Verwaltungsstrukturen wäre also nicht nur im Sinne eines effizienteren Staates notwendig, schlankere Strukturen bedeuten insbesondere auch eine Erleichterung für alle Bürgerinnen und Bürger. Ziel muss sein, dass sich die Strukturen an die Menschen anpassen und nicht umgekehrt – so wie das derzeit der Fall ist.

Reformvorschläge des Rechnungshofes

Der Rechnungshof hat 2011 die dritte Auflage seines Positionspapiers zur Verwaltungsreform vorgelegt. Darin enthalten ist eine Sammlung von 599 Empfehlungen für Reformmaßnahmen, die breite öffentliche Resonanz fanden. Alle Vorschläge basieren auf konkreten Prüfungsfeststellungen des Rechnungshofes und umfassen sämtliche Handlungsbereiche der öffentlichen Verwaltung.

Zusammen mit Vertretern von WIFO, IHS und KDZ hat der Rechnungshof auf dieser Grundlage im Rahmen der am Beginn der letzten Legislaturperiode von der Regierung eingesetzten Arbeitsgruppe zur Verwaltungsreform Problemanalysen und Lösungsvorschläge vorgelegt. Seit damals hat der Rechnungshof rund 270 weitere Berichtsbeiträge mit Empfehlungen für Reformen veröffentlicht.

Die Nachfrageverfahren der vergangenen Jahre, bei denen sich der Rechnungshof bei den überprüften Stellen nach der Umsetzung seiner Empfehlungen erkundigt, zeigen, dass rund 80 Prozent seiner Empfehlungen Wirkung entfalten. Es besteht aber eine geringe Reformbereitschaft insbesondere dort, wo das Zusammenwirken mehrerer Stellen oder Gebietskörperschaften erforderlich wäre oder bei Reformvorschlägen, die auf Systemumstellungen oder Kompetenzänderungen abzielen. Genau diese Empfehlungen müssten aber umgesetzt werden, um die Nachhaltigkeit der Finanzen sicherzustellen. Dies betrifft essenzielle Bereiche wie Bildung, Gesundheit, Pflege, Soziales, Pensionen oder Förderungen.

Resümee

Die Entwicklung der vergangenen Jahre hat gezeigt, dass öffentliche Mittel immer knapper werden. Derzeit befinden wir uns noch in der vorteilhaften Position, Strukturen im Sinne einer Effizienzsteigerung anpassen zu können, ohne Leistungen kürzen zu müssen. Diese Position müssen wir nützen. Wir haben alle die Verantwortung, alles zu unternehmen, damit nachhaltige Entwicklung für uns, für das Funktionieren des Staatsganzen und im internationalen Miteinander sichergestellt ist. Nur auf diese Weise können wir insbesondere für unsere Kinder ein nachhaltiges Umfeld schaffen, das es ihnen ermöglicht, frei, ohne die Bürden der Vergangenheit, ihre eigenen Entscheidungen zu treffen. Die Problemanalysen und Vorschläge für Strukturmaßnahmen liegen auf dem Tisch – über deren Umsetzung zu reden ist zu wenig, jetzt heißt es handeln.

Österreich ist reformierbar

HERMANN SCHÜTZENHÖFER

Erfolgsgeschichte Reformpartnerschaft

Die zu Ende gegangene 16. Gesetzgebungsperiode des Steiermärkischen Landtages war geprägt von einer neuen Art der Politik, einer Politik des Miteinanders der zwei Großparteien. Gerade in diesem so geschichtsträchtigen Jahr 2015, in dem wir das 70-Jahr-Jubiläum der Errichtung der Zweiten Republik begehen, ist dieser Geist des Miteinanders von Bedeutung, der zuletzt als „Geist der Lagerstraße" im Anfangsstadium jenes Österreichs das Land prägte, das heute, allem offensichtlichen Reformbedarf zum Trotz, so erfolgreich ist. Der Grundstein für die Tatsache, dass sich aus den Trümmern des Weltkrieges eines der reichsten Länder der Welt entwickelte, wurde sicherlich zu einem Gutteil mit der Zusammenarbeit der Großparteien in entscheidenden Situationen gelegt. Man begrub das „Kriegsbeil" und stellte das Gemeinsame über das Trennende. Man entwickelte neue Strukturen und nahm die Bevölkerung mit auf den neuen Weg der Zusammenarbeit. Es war eine Welt des Kompromisses, die damals begründet wurde. Wir leben heute in einer Zeit des großen materiellen Wohlstandes und es liegt mir fern, die Reformpartnerschaft in der Steiermark mit den großen Entbehrungen jener Zeit zu vergleichen, aber es gibt doch einen entscheidenden Zusammenhang: Mut. Es bedarf des Mutes einiger, sich über Grenzen im Kopf hinwegzusetzen und vieles neu zu denken; die Überzeugung, das Richtige für das Land zu tun, nicht auf kurze, schnelle Erfolge bei Wahlen zu schielen. Nicht das zu tun, was für die Partei wichtig ist, sondern das, was für das Land richtig ist. Das ist das Leitmotiv, das ein erfolgreiches Zusammenarbeiten von Parteien ermöglicht.

Ich bin seit einigen Jahrzehnten in der Politik, habe in dieser Zeit unterschiedlichste Höhen und Tiefen erlebt. Die abgelaufene Periode war sicher die härteste und intensivste in meiner Politkarriere, aber auch die erfüllendste und erfolgreichste. Der Reihe nach:

Der Beginn der Reformpartnerschaft

Es war für uns Politiker und auch für meine Partei, die Steirische Volkspartei, und jene meines Reformpartners, die steirische Sozialdemokratie, vermutlich eine der herausforderndsten Perioden der jüngeren Vergangenheit. Am Beginn, bei der Ankündigung der Reformpartnerschaft und dem Abstecken der Reformagenda, waren sich alle einig, dass diese Schritte gesetzt werden müssen, um die Steiermark fit für die Zukunft zu machen. Als es an das Umsetzen der zu Papier gebrachten Schritte ging und einige direkt Betroffene bemerkten, dass sich durch die Reformen auch ihre unmittelbaren Lebensumstände ändern würden, wurden jedoch die ersten Gegnerschaften aktiv; es hatten scheinbar nicht alle damit gerechnet, dass die Politik in Österreich noch in der Lage ist, angekündigte Projekte auch real anzugehen und umzusetzen.

Die Reformpartnerschaft hat es sich zum Ziel gesetzt, ein professionelles Management des Wandels für die Steiermark zu betreiben, die Interessen des Landes standen und stehen dabei absolut im Vordergrund. Die Reformen wurden ohne Tabus, fair und gemeinschaftlich erarbeitet, Kritiker gehört, Nachbesserungen eingepflegt, am Ende aber immer konsequent umgesetzt. Eine der größten Herausforderungen in diesem Prozess war es, die Bevölkerung und die Entscheidungsträger von der Sinnhaftigkeit und der Richtigkeit der Schritte zu überzeugen und somit Hürden gemeinsam abzubauen oder zu überwinden.

Die Steirische Volkspartei, die als Bürgermeisterpartei von der Gemeindestrukturreform stark betroffen war, hat dabei mit ihrer Organisationskraft einen wichtigen Teil zur Kommunikation der Maßnahmen bei- und diese vor allem auch mitgetragen, aber auch die Sozialdemokraten haben ihren Teil zur erfolgreichen Kommunikation der Reformagenda beigetragen.

Das Herzstück der Reformen

Die Gemeindestrukturreform ist, neben dem ausgeglichenen Haushalt 2015, ohne Zweifel das Herzstück der Reformpartnerschaft: 306 Gemeinden haben freiwillige Beschlüsse über die Vereinigung ihrer Gemeinde mit einer anderen oder mehreren benachbarten Gemeinden gefasst. Das bedeutet, dass rund 80 Prozent aller betroffenen 385 Gemeinden sich in einem demokratischen Prozess dazu entschlossen haben, den Reformweg mitzugehen und die Zukunft der neuen Gemeinde aktiv mitzugestalten.

Seit 1. Jänner 2015 hat die Steiermark eine neue Landkarte: aus 542 Gemeinden wurden 287 starke Gemeinden, die in der Lage sind, ihre Zukunft aktiv zu gestalten, konkret bedeutet das: weniger Verwaltung, dafür mehr Leistungen. Die Mittel der Gemeinden können gebündelt und fokussiert, die Infrastruktur kann gestrafft und effizienter eingesetzt werden. Das Ergebnis sind gesunde Gemeinden in gesunden Regionen.

Die Steiermark war bis zum 31. Dezember 2014 mit einer durchschnittlichen Einwohnerzahl pro Gemeinde von 1747 (Stand 2013; Quelle: Statistik Austria) an vorletzter Stelle im österreichischen Bundesländervergleich (ohne Hauptstädte, Wien nicht berücksichtigt). Mit der neuen Gemeindestruktur und einer durchschnittlichen Einwohnerzahl von 3304 ist sie im Bundesländervergleich österreichweit an 3. Stelle.

44 Einsprüche gegen das Gemeindestrukturreformgesetz wurden beim Verfassungsgerichtshof (VfGH) eingebracht, das sind rund zehn Prozent der betroffenen Gemeinden, und in allen Fällen entschied der VfGH zugunsten des Landes Steiermark. Dieses Urteil bestärkte uns als Reformpartnerschaft in unserem Handeln. Ein Meilenstein dieser neuen Gemeindestruktur war auch die erste Gemeinderatswahl am 23. März 2015. Im Vorfeld wurden uns Reformpartnern herbe Verluste bei diesem Urnengang prognostiziert. Das Ergebnis ist bekannt: Die Verluste hielten sich in Grenzen und die Steirische Volkspartei stellt in 204 von 287 Gemeinden den Bürgermeister, das ist mit rund 71 Prozent ein historischer Höchststand. Auf diesen Ergebnissen kann man aufbauen, aber man darf nicht vergessen, dass es sich dabei um 286 einzelne Wahlen gehandelt hat.

Die weiteren Reformen

Kurz angerissen sollen hier auch die weiteren laufenden Reformen werden: In den Bereich der Haushaltskonsolidierung sind enorme Anstrengungen geflossen und so konnte von den Reformpartnern im Herbst 2014 ein Budget präsentiert werden, das nicht nur einen ausgeglichenen Haushalt enthält, sondern in dem auch bereits Schulden abgebaut werden.

Mit 1. August 2012 wurde im Amt der Steiermärkischen Landesregierung eine neue, schlankere Struktur wirksam: Die Organisationseinheiten wurden halbiert, die Qualität gesteigert und Potenziale genützt. In Etappen davor und danach wurden auch die politischen Bezirke neu geordnet, Bezirkshauptmannschaften zusammengelegt und die Bezirksgrenzen an die Lebensrealitäten der Bürgerinnen und Bürger angepasst.

Für Bildung und Gesundheit wurden regionale Pläne erarbeitet und umgesetzt. In Zusammenarbeit mit der damals zuständigen Bundesministerin für Justiz, Beatrix Karl, wurden auch die Bezirksgerichte und deren Sprengel einer Reform unterzogen. Dies alles geschah im Hinblick auf neue Mittel der Kommunikation, aber auch hinsichtlich der gesteigerten Mobilität der Bevölkerung. Diese Faktoren ermöglichten es, Einsparungspotenziale zu heben und eine modernere und schlankere Verwaltung mit besserem Service für die Steirerinnen und Steirer in Einklang zu bringen.

Die Landtagswahl 2015

Wir haben uns im März dazu entschieden, die Steirerinnen und Steirer noch vor dem Sommer zur Wahl zu bitten, um ohne Budgetprovisorium in das nächste Jahr starten zu können und um der Steiermark einen langen Wahlkampf während des Sommers zu ersparen. Der Landtag und in weiterer Folge natürlich auch die Landesregierung sind gewählt, um für das Land zu arbeiten, und nicht, um sich in Wahlkampfauseinandersetzungen zu verlieren. Der Verlauf dieser Wahlbewegung – ich spreche in diesem Zusammenhang bewusst nicht von Wahlkampf – war einmalig in Österreich. Die Steirische Volkspartei und die SPÖ haben in dieser Bewegung kein schlechtes Wort übereinander verloren. Es war ein Wettkampf der besseren Ideen für das Land und seine Bewohner. Insofern war der Ausgang der Wahl eine Enttäuschung. Man darf die Verluste, die die beiden Parteien erlitten haben, nicht schönreden, aber es war, das bestätigen uns alle Nachwahlbefragungen, leider nur zu einem sehr geringen Teil eine Abstimmung über die steirische Reformpolitik. Vielmehr wurde es eine Abstimmung über bundespolitische Themen, wie die vorherrschende Thematik des Asylwesens. Aus diesem Grund sehe ich die Fortsetzung des steirischen Reformkurses als Chance und Herausforderung für die neue Landesregierung. Das Reformprojekt, das ja von Beginn an auf mindestens zehn Jahre ausgelegt war, ist fortzuführen. Es sind weiterhin jene Schritte zu setzen, die notwendig sind, um die Steiermark ganz an die Spitze zu bringen. Wer bei diesem Modell an der Spitze steht, ist aus meiner Sicht einerlei – bislang war es Franz Voves, nun bin ich es. Auch wenn es für viele kaum zu glauben ist, es zählen die Inhalte und nicht die Köpfe. Darauf habe ich mich auch mit dem neuen Landeshauptmann-Stellvertreter Michael Schickhofer, der als lösungsorientierter Sachpolitiker bekannt ist, verständigt. Ich möchte hier kurz skizzieren, welche Herausforderungen auf Österreich, und die Steiermark im Speziellen, zukommen.

Vorausschau

Mein Ziel ist es, jeder Steirerin und jedem Steirer eine Perspektive zu bieten! Klar ist aber auch, dass in den einzelnen Regionen unseres Landes verschiedene Voraussetzungen existieren. Es geht also nicht darum, „gleichmacherisch" jedem Menschen denselben Lebensweg vorzuzeichnen und vorzugeben, vielmehr erscheint es notwendig und richtig, aus den unterschiedlichen Stärken der Regionen und Gemeinden das Potenzial zu heben, den Bürgerinnen und Bürgern ihre jeweils zukunftsträchtigsten Chancen vor Ort aufzuzeigen, sie zu ermutigen und sie dabei zu unterstützen, in den Regionen die bestmöglichen Perspektiven für ihr selbstbestimmtes Leben zu finden und die Chancen, die sich bieten, zu ergreifen.

Visionen für die Steiermark der Zukunft

Wirtschaft schafft Arbeit

Die wahrscheinlich größte Herausforderung ist die Sicherung und Schaffung von zukunftsträchtigen Arbeitsplätzen in unserem Land. Festzuhalten ist aber auch, dass Arbeitsplätze nicht von der Politik geschaffen werden, sondern von Unternehmen. Aufgabe von uns Politikern ist es, sie bei Investitionen zu unterstützen, sei es durch den Ausbau der Infrastruktur, durch raschere und kürzere Behördenwege oder durch die Förderung der Ausbildung von Mitarbeitern und den Abbau der Bürokratie im Allgemeinen. Die Politik darf sich vor Veränderungen nicht fürchten und muss Mut zu Neuem haben, sie muss unternehmerisches Denken unterstützen und ein Klima schaffen, das in weiterer Folge zu unternehmerischem Handeln anregt.

Stärken stärken – Mehr Forschung und Entwicklung

Um mit dem raschen Wandel in der Wirtschaft mithalten zu können, muss die Politik noch mehr als bisher die Förderung von Forschung und Entwicklung zu ihrem Schwerpunkt machen. Die Steiermark liegt mit einer F&E-Quote von 4,4 Prozent nicht nur unter den österreichischen Bundesländern an der Spitze, sondern befindet sich damit auch unter den europäischen Regionen im Spitzenfeld. Diese Position muss weiter ausgebaut werden und es muss das Ziel sein, die F&E-Quote auf über fünf Prozent der Wirtschaftsleistung zu steigern.

Subsidiarität neu entdecken

Aufgabenreform

Seit Jahrzehnten wird in der Steiermark bereits von einer Neuordnung und Deregulierung der Raumplanung gesprochen.

Nach dem großen Wurf der Gemeindestrukturreform sollte auch dieser Prozess in Gang gesetzt und tatsächlich in Angriff genommen werden.

Mit der neu geschaffenen Gemeindestruktur sollte auch ein Mehr an Verantwortung für die steirischen Kommunen einhergehen. Sie sind es, die wissen, was notwendig ist, um die jeweilige Region am Leben zu erhalten und weiterzuentwickeln. Ihnen sollte die Möglichkeit zur aktiven Gestaltung ihres Lebensraumes gegeben werden.

Eine moderne und schlanke Verwaltung in einer reformierten Region – so wird die Steiermark auch für Unternehmen als Standort noch attraktiver. Die Strukturreformen haben begonnen und es wurde bereits Vorzeigbares geleistet, jetzt müssen die Aufgabenreformen starten sowie die Zuständigkeiten und Verantwortlichkeiten neu geregelt und damit an die neuen Gegebenheiten angepasst werden. Es muss in der Bevölkerung wieder Vertrauen in die Reformfähigkeit unseres Landes und der gesamten Republik geschaffen werden.

Pflege mobiler machen – Bundeslösung für die Pflege erwirken
Die Alterung der Bevölkerung wird den Bedarf an Pflegeleistungen dramatisch erhöhen. Neben dem Angebot an Pflegeheimen ist auch das Netz an mobiler Pflege landesweit auszubauen. Ihr Ausbau muss schleunigst vorangetrieben werden, zumal es zunehmend schwieriger wird, Personal für die Pflege zu Hause zu gewinnen. Die Pflegefinanzierung stellt nicht nur die Sozialhilfeverbände vor große Probleme, auch die Bundesländer werden auf längere Sicht damit überfordert sein. Auch hier muss die Politik Mut beweisen und das Thema im Sinne der Subsidiarität zur Bundesangelegenheit erklären und einer bundeseinheitlichen Lösung, aus derzeitiger Sicht am besten in Form einer Pflegeversicherung, zuführen.

Perspektiven für die Regionen

Um auf die individuellen Anforderungsprofile und Bedürfnisse der Regionen eingehen zu können, muss man ihre Stärken ausbauen und hervorheben. Daher braucht es Masterpläne für jede einzelne Region und wirtschaftliche Impulse. Eine Herausforderung auf der regionalen Handlungsebene ist es, die eigene strategische Schwerpunktsetzung und deren Innovationskraft mit der Abstimmung auf übergeordnete Strategien zu verbinden.

Besondere Perspektiven für den ländlichen Raum

Durch die vorhin angeführten Maßnahmen der Gemeindestrukturreform wurden regionale Zentren mit überlebensfähigen und serviceorientierten Gemeinden geschaffen, damit konnte sichergestellt werden, dass der ländliche Raum eine sichere Zukunft hat. Auf diesen Reformschritt aufbauend müssen aber weitere folgen. Die neuen Zentren müssen untereinander stark vernetzt werden, um einen regen Austausch zwischen ihnen zu ermöglichen. Der öffentliche Verkehr muss ausgebaut und die Abhängigkeit vom Individualverkehr auch im ländlichen Raum gesenkt werden, die schnellen Verbindungen, die großteils zwischen den Regionen und der Landeshauptstadt bestehen, sollen für diese Vernetzung zwischen den Regionen als Vorbild dienen.

Viele ländliche Gebiete kämpfen aufgrund ihrer topografischen Gegebenheiten mit Bevölkerungsrückgang und Abwanderung. Ihnen soll ein sogenannter Regionalbonus, der Betriebsansiedlungen und Unternehmensgründungen unterstützt, helfen. Dadurch werden auch jungen Menschen in benachteiligten Gebieten Arbeitsplätze geboten und sie müssen ihrer Region nicht des Arbeitsplatzes wegen den Rücken kehren.

Die bestehenden und die neuen Betriebe sollen durch die Schaffung von Ausbildungsverbänden zur Verbesserung der Lehrlingsausbildung sowie durch das Weiterführen der bereits erfolgreich laufenden Breitbandoffensive unterstützt werden. Der Zugang zu ultraschnellem Internet ist in der modernen Welt eine Notwendigkeit für wirtschaftliches Vorankommen und Wettbewerbsfähigkeit. Gleichzeitig bietet es aber auch die Möglichkeit, unabhängig vom Standort eines Unternehmens seine Leistungen auf dem Markt zu offerieren, was neue Chancen für die Regionen eröffnet. Ein unternehmerfreundliches Umfeld in einer lebenswerten Region ist das erklärte Ziel dieser Maßnahmen.

Die Summe dieser und noch weiterer Maßnahmen soll in der Zuständigkeit eines einzelnen Mitglieds der Landesregierung gipfeln. In diesem Regionalressort sollen alle Abteilungen, Zuständigkeiten und Förderstellen, die mit der Regionalentwicklung befasst sind, zu einem „One-Stop-Shop" für die steirischen Regionen zusammengefasst werden.

Bildung und Kinderbetreuung

Bildung ist ein Sprungbrett in die Zukunft. Dabei ist Chancengleichheit in der gesamten Steiermark unser oberstes Ziel. Wir wollen daher in Zukunft die Investitionen in das Bildungsangebot im ländlichen Raum verstärken. Mehr Bildung bedeutet für die Bürgerinnen und Bürger, dass qualifiziertere Arbeitsplätze zur Verfügung stehen und daraus ein höheres Einkommen bezogen werden kann. Diese Bildungsoffensive ist im internationalen Wettbewerb unabdingbar.

Im Bereich der Kinderbetreuung ist es – vor allem außerhalb des urbanen Raums – notwendig, die Servicequalität zu erhöhen und ein entsprechendes Angebot vor Ort sicherzustellen, damit alle steirischen Familien ein möglichst hohes Maß an Lebensqualität sowie an Ausbildungs- und Jobchancen vorfinden.

Besondere Perspektiven für den urbanen Raum

Integration

Eine besondere Herausforderung für die urbanen Räume der Steiermark und insbesondere für die Landeshauptstadt Graz wird die Integration darstellen. Bereits heute leben in Graz Menschen aus 160 Nationen aus den unterschiedlichsten Kulturkreisen zusammen. Aufgrund der demografischen Entwicklungen ist auch der Zuzug qualifizierter Arbeitskräfte aus dem Ausland notwendig, um unseren erarbeiteten Wohlstand aufrechterhalten zu können. Für die Zuwanderung gilt es aber, klare Spielregeln zu schaffen und sie mit einer Null-Toleranz-Politik auch zu vollziehen: Wer sich integriert, unsere Sprache lernt, die entsprechende Qualifikation hat und arbeiten will sowie unser Wertesystem akzeptiert, ist willkommen – wer nicht, der nicht.

Ebenso müssen wir jenen, die Hilfe brauchen und vor Krieg und Terror bei uns Zuflucht suchen, als solidarische Gemeinschaft unter die Arme greifen und ihnen eine Zukunft in Würde ermöglichen. Das Recht auf Asyl und unsere moralische Verpflichtung zur Hilfe dürfen aber nicht für eine Einwanderung durch die Hintertür missbraucht werden.

Auch im urbanen Bereich gilt es, der Bildung besondere Aufmerksamkeit zu schenken. Die Schwierigkeiten liegen hier jedoch nicht in erster Linie in der Verfügbarkeit von ganztägigen Kinderbetreuungsplätzen, sondern vielfach in der Existenz sprachlicher Barrieren. Ihren Abbau und das Fördern des Miteinanders der Kulturen muss man dabei in den Vordergrund der Arbeit stellen.

Wohnraum

In einer wachsenden Stadt wird neuer Wohnraum und qualitätsvoller Lebensraum immer wichtiger. Die Versorgung der

Städte mit leistbarem Wohnraum zählt daher zu den ersten Pflichten einer Kommune, um nachhaltiges Wachstum zu generieren.

Conclusio

Man sieht also, in der Steiermark ist viel geschehen, aber wir befinden uns noch lange nicht am Ende des Reformweges. Heute bewundert ganz Österreich, was wir in der Steiermark geschafft haben, viele nationale und internationale Medien haben über das „Reformland Steiermark" berichtet und der Reformpartnerschaft applaudiert. Wichtig ist aber nicht die Meinung der Kommentatoren und Berichterstatter. Im Zentrum steht immer die Bevölkerung: Sie muss von der Richtigkeit der Handlungen überzeugt sein. Es reicht nicht aus, von oben herab Reformen zu verordnen, wenn der sprichwörtliche „kleine Mann" nicht weiß, warum das eine oder das andere gemacht werden muss bzw. gemacht wird. Die Aufgabe von uns Politikern ist es, den Menschen diese Fragen zu beantworten; und zwar so zu beantworten, dass es jeder versteht.

„Politik ist die Kunst des Machbaren", so wird Otto von Bismarck zitiert, ich möchte dem aber noch einen entscheidenden Teil hinzufügen: „Machbar ist in der Politik all das, was ich den Menschen erklären kann." Viele Österreicherinnen und Österreicher wissen, was man in unserem Land verändern und verbessern könnte. Die Aufgabe der Politik ist es, dieses Potenzial zu heben, den Mut zu haben, Reformen anzupacken und sie den Menschen vor allem zu erklären. Unser Österreich ist in seinem Kern ein wissbegieriges und fortschrittliches Land, unsere Entwicklung in den letzten 70 Jahren ist weltweit ohne Beispiel. Wenn wir die „Das-war-noch-nie-so-das-haben-wir-immer-schon-so-gemacht-da-könnte-ja-jeder-kommen"-

Mentalität, die in wenigen Köpfen vorhanden ist, überwinden und durch eine Begeisterung für Neues ersetzen, dann stehen unserem Land weiterhin alle Türen offen.

Wir Politiker müssen unserem Volk immer als Beispiel vorangehen und von unserem Tun überzeugt sein. Wer immer nur auf die nächste Wahl und die Schlagzeile von morgen schielt, wird die Menschen nicht für Reformen gewinnen können. Wir brauchen in der Politik Personen, die keine Angst haben vor den Wählerinnen und Wählern, sondern diese mitnehmen auf einen für viele längst „verwachsen" geglaubten Weg: den Reformweg.

Bauen wir den Reformweg aus, machen wir ihn zur Autobahn in die Zukunft.

Es braucht den Mut, Politik neu zu denken, wegzugehen von alten Mustern, Reformen anzugehen. Vizekanzler Reinhold Mitterlehner hat gesagt, wir bräuchten nur zu wollen, und dieser Aussage ist eigentlich nichts mehr hinzuzufügen, denn: Auch

Österreich ist reformierbar!

Bürgerbeteiligung:
Es ginge. Man müsste nur wollen.

JOSEF BARTH

„Ein Transparenzgesetz durch einen intransparenten Gesetzgebungsprozess abzuwickeln, das wird nicht gehen." Karlheinz Kopf gilt nicht gerade als unerfahrener Politiker. Vor 30 Jahren saß er erstmals im Gemeinderat, seit 20 Jahren sitzt er im Nationalrat und seit über einem Jahr ist er sogar dessen zweiter Präsident. Als er kurz vor dem Sommer 2013 als damaliger Klubobmann der Regierungspartei ÖVP öffentlich verkündete, dass die Abschaffung des Amtsgeheimnisses wider alle Willensbekundungen der Regierung dennoch abgesagt sei, klang es so, als hätte er gute Gründe dafür. Seine Schlussfolgerung klang einleuchtend. Und dennoch: Er sollte nicht unbedingt recht behalten.

Dagegen sein ist nicht genug. Dafür zu sein reicht in Österreich aber auch nicht.

Konstruktives Engagement bei der Entstehung eines neuen Gesetzes scheint von den österreichischen Regierungsparteien ebenso wenig gewünscht zu sein wie Kritik am fertigen Stück. Drei Gesprächstermine in zwei Jahren für eine Verfassungsänderung, die die Rechte von acht Millionen Bürgern betrifft: Die Kampagne zur Abschaffung des Amtsgeheimnisses und zur Installation eines Informationsfreiheitsgesetzes als Grundrecht in der Verfassung zeigt, wie die regierende Politik – trotz allen Verdrusses über kritisierende Nichtstuer – dennoch in Schockstarre verfällt, wenn sie es mit aktiven Bürgern zu tun hat.

So verspielt sie das Vertrauen in die Politik. Und zerstört den Glauben, jeder könne etwas ändern – er müsse nur wollen.

Transparenzgesetz.at – Engagement für ein Bürgerrecht auf Information

Information ist die Grundlage sinnvoller politischer Partizipation. In der Demokratie entscheiden die Bürger – zumindest alle paar Jahre. Diese Entscheidung sollte sich dabei nicht nur auf Sympathie oder Weltanschauung stützen, sondern einen guten Informationsstand zur Grundlage haben. Wer einen informierten Wähler will, muss dem willigen Bürger die Chance geben, ein solcher zu werden. Das erfordert den Zugang zu Information: Information über staatliches Handeln, Information über das Handeln der Politiker, Information über die res publica – die öffentliche Sache.

Österreich ist generell kein Spitzenland, wenn es um Transparenz geht. Beim Recht auf Zugang zu Information liegt die Republik weltweit auf dem letzten Platz, wie das jährliche „Right to Information"-Ranking des kanadischen „Centre for Law and Democracy" und der britisch-spanischen NGO „Access Info Europe" belegt. Die Studie sieht Österreich auf Platz 97 von 97 untersuchten Staaten. Dass das Amtsgeheimnis hierzulande noch in der Verfassung steht, ist ohnehin ein EU-weites Unikum.

Warum also nicht etwas tun, um das zu ändern? Nicht immer nur dagegen sein, sondern sich wirklich für etwas einsetzen. Menschen zusammenbringen, um die Problemfälle zu erheben, um die besten Regelungen aus anderen Ländern durchzuarbeiten, Best-Practice-Beispiele zu erstellen und diese gemeinsam mit den Entscheidungsträgern durchzugehen, zu diskutieren und mit guten Argumenten zu guten Begründungen für oder gegen das eine oder andere zu gelangen. Um sich am Ende zu überlegen, wie man das gemeinsam Gewollte in ein geschriebenes Gesetz gießt.

Kurz: Zeit, Geld und Herzblut in das Engagement zu investieren, um Vorschläge zu machen, wie man die Qualität der Demokratie verbessern, das Vertrauen in den Staat fördern und die Gesellschaft damit weiterbringen kann.

Man muss ja schließlich nur wollen, oder?

Learnings aus einer konstruktiven Kampagne

Die Kampagne Transparenzgesetz.at hat genau das getan. Und das hat sie dabei erlebt:

Jänner 2013

Die Webseite Transparenzgesetz.at geht online. Über Twitter und Facebook verbreitet sich die Idee prompt. Sie fordert die Abschaffung des Amtsgeheimnisses, ein verfassungsmäßig gewährleistetes Bürgerrecht auf Information und ein Transparenzgesetz nach Hamburger Vorbild. Samt einem Beauftragten, der darüber wacht. Mehr als 10.000 Menschen unterstützen die Sache bereits innerhalb der ersten paar Wochen. Die ersten Medien berichten.

Februar 2013

Die Politik entdeckt das Thema für sich. Sebastian Kurz, damals ÖVP-Staatssekretär im Innenministerium, begrüßt die Aktion und schließt sich der Forderung der Initiatoren vollinhaltlich an. Nur einen Tag später zieht der SPÖ-Staatssekretär im Kanzleramt, Josef Ostermayer, nach und kündigt einen Gesetzesentwurf an. Nicht ohne dabei angesichts des großen medialen Interesses an Kurz unerwähnt zu lassen, dass die Initiative von der Zivilgesellschaft und nicht vom Koalitionspartner ausgehe. Kanzler und Vizekanzler heißen Transparenz ebenfalls gut und versprechen beim Ministerrat eine umgehende Änderung der Rechtslage.

März 2013

Ostermayer und Kurz laden – unabhängig voneinander – jeweils zu einem kurzen Gespräch. Kurzes, höfliches Kennenlernen, man tauscht Freundlichkeiten aus – und erzählt einander noch einmal persönlich, was man davor schon in Radio, Fernsehen und Zeitungen gesagt und wie man es gemeint hat. Mehr nicht. Das Kanzleramt legt eine kurze Punktation auf einer A4-Seite vor, mehr werde später folgen.

Dann passiert nichts. Zwei Monate lang. Geschichten in den Medien ändern daran nichts. Nur durch Zufall kommt das Thema wieder auf die Agenda.

Mai 2013

„Amtsgeheimnis!", sagt der damalige Umweltminister Nikolaus Berlakovich auf die Frage, wie viele Tonnen mutmaßlich Bienenvölker-mordende Pestizide in Österreich versprüht werden. Noch dazu am „Tag der Pressefreiheit". Die Regierung lädt zu einem Gespräch für Ende Mai, diesmal mit beiden Staatssekretären und anderen Regierungspolitikern. 20 Minuten Statement, 25 Minuten Fragen beantworten – dann sind die Initiatoren wieder entlassen. Die Regierung verspricht die Änderung mittels Initiativantrag noch im Juni. Gesetzesformulierung gibt es bis dahin keine.

Juni 2013

Es ist der letzte Tag der Legislaturperiode, an dem das Gesetz noch hätte beschlossen werden können. ÖVP-Klubobmann Karlheinz Kopf erklärt, dass man die Abschaffung des Amtsgeheimnisses vor dem Sommer nun doch nicht beschließen werde: „Ein Transparenzgesetz durch einen intransparenten Gesetzgebungsprozess abzuwickeln, das wird nicht gehen." Er will eine Regierungsvorlage samt Begutachtungsverfahren. Was an diesem Tag *nicht* beschlossen wird, wissen Österreichs Bürger nicht: Welchen Gesetzestext die Regierung die Abgeordneten ersucht hat einzubringen, bleibt geheim. Ebenso, wer in welcher Sitzung welche Gründe dagegen vorgebracht hat. Es braucht erst einen offenen Brief an beide Regierungsparteien, um ihre Standpunkte öffentlich zu machen; diese sind nur sehr vage und divergieren in wesentlichen Punkten.

Dann ist Sommer. Und die Legislaturperiode zu Ende.

Es beginnt der Wahlkampf.

Juli 2013

Nachdem die Regierung keinen Gesetzesentwurf vorlegt, schreibt die Initiative einen eigenen: Experten wie Politikwissenschaftler Hubert Sickinger, Ex-Anti-Korruptionsstaatsanwalt Walter Geyer und Verfassungsjurist Alfred Noll arbeiten mit Unterstützung von Ex-Rechnungshofpräsident Franz Fiedler einen Gesetzestext aus. Kommentar der Regierungsparteien: keiner.

Es herrscht Schweigen.

August und September 2013

Dann ist tatsächlich Wahlkampf! SPÖ und ÖVP fordern ein Transparenzgesetz für Österreich. Grüne, FPÖ, Neos und Team Stronach ebenso. In den Überschriften sind sich alle einig, Inhalte wurden bis dahin nie wirklich besprochen.

Durch die Stagnation der Regierungspolitik ist die Initiative gezwungen, Strukturen zu entwickeln: Transparenzgesetz.at wird zum Forum Informationsfreiheit (FOI) – eine kurzfristige Kampagne, die wieder verschwunden wäre, wird damit zu einer NGO, die gekommen ist, um zu bleiben.

Oktober 2013

Österreich hat gewählt, die Regierungsparteien schreiben die Abschaffung des Amtsgeheimnisses ins Regierungsprogramm. Neos und Grüne übernehmen den Gesetzestext der Initiative und bringen ihn als eigenen Initiativantrag ein. Im Verfassungsausschuss wird er bis zum Januar nicht behandelt.

Januar/Februar 2014 – ein Jahr nach Kampagnenstart

Kurz bevor der Verfassungsausschuss den Gesetzesentwurf der Initiative spätestens behandeln müsste, kündigt Kanzleramtsminister Ostermayer den vor einem Jahr angekündigten Gesetzesentwurf an.

Gespräche mit den Initiatoren oder eine Diskussion mit der Öffentlichkeit gibt es keine. Schon seit mehr als sechs Monaten nicht.

März 2014

Der Entwurf geht in Begutachtung. Öffentliche Stellen bringen schriftliche Stellungnahmen ein. Die Initiative wird nicht eingeladen. Sie gibt aber dennoch eine Stellungnahme ab.

Man unterhält sich weiter über die Medien miteinander.

April 2014

Nachdem die Regierungsparteien zu keinem Gespräch laden, lädt die Initiative ein. Grüne, Neos, FPÖ sagen zu, auch ÖVP-Verfassungssprecher Wolfgang Gerstl kommt. Die SPÖ sagt ab: Kanzleramtsminister Ostermayer lässt brieflich wissen, dass es noch Gespräche „im geeigneten Rahmen" geben werde, Verfassungssprecher Peter Wittmann schreibt, es sei „eine gute Tradition, dass die Abgeordneten zunächst die Begutachtungsfrist abwarten"; an einem runden Tisch der Initiative teilzunehmen hieße, dass alle anderen Stellen, die Begutachtungen ausarbeiten, „von mir desavouiert würden", was „in der öffentlichen Wahrnehmung negativ wäre". Er garantiere aber, dass die Initiative später eingebunden würde.

Auch auf den eigens geschriebenen Gesetzesentwurf der Initiative, der immer noch im Verfassungsausschuss liegt, gibt es keine Reaktion. Keine Erörterung, nicht einmal Kritik, dass er vielleicht schlecht oder unausgegoren sei. Es ist so, als gäbe es ihn gar nicht. Als wäre er nie geschrieben worden, als läge er gar nicht im Parlament.

Die Regierung lädt über ein Jahr lang zu keinen Gesprächen. Tut man es selbst, kommen die Zuständigen auch nicht. Und wenn die Medien einladen, dann kommen nur noch Beamte. Die loben zwar den selbst ausformulierten Wortlaut des Gesetzes, können aber keine Frage nach dem politischen Willen und danach, warum etwas wie geregelt werden solle, beantworten. Sie sind lediglich ausführende Organe.

April 2015 – zwei Jahre nach Kampagnenstart

Zwei Jahre lang gibt es damit kein Gespräch mit einem Vertreter der zuständigen Kanzlerpartei, an dem die Öffentlichkeit hätte teilnehmen und mitdiskutieren können. Und nachdem Sebastian Kurz nach der Wahl Außenminister wird, ist unklar, wer auf ÖVP-Regierungsseite überhaupt Ansprechpartner ist.

In ganzen zwei Jahren gibt es keine einzige öffentliche Diskussion mit den Vertretern beider Regierungsparteien, an denen die Österreicherinnen und Österreicher hätten teilnehmen, die Politiker zu ihrer Meinung befragen und ihre Meinung hätten äußern können. Mehr Inhalt als die veröffentlichten Seiten des fertigen Regierungsentwurfs wurde nie kommuniziert.

Mai 2015

Die Grünen laden die Initiative im Namen der sechs Parlamentsparteien ein, „als Experten" etwas zum Regierungsentwurf zu sagen. Nur informell: ohne schriftliche Einladung, ohne Tagesordnung, es gibt keine Regeln zu Ablauf, Protokollierung oder Ergebnissicherung. Für Minister Josef Ostermayer ist sein stellvertretender Kabinettschef da, weiters sind Beamte von Bundeskanzleramt und Parlament anwesend.

Die Parteien sind durch ihre Verfassungssprecher vertreten, nur von der SPÖ ist kein Abgeordneter dabei – statt des Verfassungssprechers kommt ein Klub-Mitarbeiter.

Zwei Stunden wird diskutiert. Zeitlich kann damit nur ein Bruchteil der Problemfelder angesprochen werden. Ob das Gesagte irgendwo Niederschlag findet, ist unklar. Eine öffentliche Debatte, bei der sich Österreichs Bürger einbringen könnten, ist bislang nicht vorgesehen.

Zweieinhalb Jahre wurde die Verfassungsänderung de facto nicht diskutiert. Nun soll sie nur fünf Wochen nach einem nicht öffentlichen Diskussionstermin durch den nicht öffentlichen Verfassungsausschuss gewunken werden. Wenn das Gesetz dann erstmals öffentlich im Nationalrat diskutiert werden wird, ist es auch schon fertig. Dann wird sich wohl nichts mehr ändern lassen.

Systematik im Umgang mit Öffentlichkeitsbeteiligung

An der Initiative Transparenzgesetz.at zeigt sich, womit andere bereits zu kämpfen hatten: Die regierende Politik tut sich mit der Beteiligung von Bürgern schwer. Ihre Systematik, die jahrzehntelang funktioniert hatte – auch weil sie einfach nie in Frage gestellt wurde –, passt einfach nicht mehr.

Die Botschaft, gut aufgehoben und ordentlich verwaltet zu sein, reicht vielen Menschen nicht mehr. Gleichzeitig zeigt ihnen das Internet unendlich viele Möglichkeiten auf, ihre Stimme zu nutzen und sich in verschiedenste Prozesse einzubringen.

Dass das gerade vor der eigenen Haustür, in der eigenen Gesellschaft, mit der eigenen Politik nicht gehen soll, ist vielen nicht mehr verständlich.

Sicher, die klassische One-Way-Kommunikationsstrategie weltweit üblicher Top-Down-Kommunikation ist kurzfristig eine durchaus erfolgversprechende: Sie bringt mehr Reichweite, erzeugt keinen öffentlichen Widerspruch und lässt einen die Informationskontrolle behalten. Oder anders: Sie lässt die Bürger über ein Thema nur das wissen, was man ihnen sagen will, und versucht die Sympathien derer zu gewinnen, die die Sache nicht hinterfragen wollen oder können.

Im Dialog dagegen muss man sich Fragen stellen lassen, auf die man die Antworten noch nicht kennt oder die man lieber nicht geben will; noch dazu kommen die Fragen von Menschen, die sich im betreffenden Themengebiet inhaltlich vielleicht auch noch auskennen. Hinzu kommt: Die Öffentlichkeitswirksamkeit eines solchen Prozesses ist reichweitentechnisch enden wollend. Bringt also kurzfristig wenig für die eigene Bekanntheit, Beliebtheit und damit den eigenen Marktwert.

Die Botschaft an die Bürger

Doch die nachhaltige Wirkung – positiv wie negativ – ist nicht zu unterschätzen. Die Dialogverweigerung stößt gerade jene vor den Kopf, die sich in den permanenten politischen Prozess einbringen wollen. Oft geschieht das gar nicht aus Angst oder Ignoranz, sondern ist schlicht falsch verstandene Kommunikation.

Zum einen scheint unter vielen Politikern noch die Meinung zu herrschen, wenn sie Journalisten Rede und Antwort stehen, hätten sie mit den Bürgern gesprochen. Der fehlende Rückkanal aber degradiert Bürger bestenfalls zum Publikum:

Eine Möglichkeit der Teilnahme an diesem Gespräch haben sie nicht und das lässt so gerade jenes Bedürfnis unbefriedigt, das eigentlich ganz oben steht: die Mitsprache.

Zum anderen bedeutet es noch lange nicht, die Öffentlichkeit einzubeziehen, nur weil man sich mit einer Initiative trifft, die eine bestimmte Sache vertritt. Solange dieser Termin nicht öffentlich angekündigt, breit kommuniziert wird und öffentlich besuchbar ist, bleibt es nur ein Treffen mit einer einzelnen Interessengruppe. Solange die Möglichkeit zur Mitsprache nicht gegeben ist bzw. vom Gegenüber zumindest stillschweigend ausgeschlagen wird, bietet ein solches Vorgehen eine nicht unbeträchtliche Angriffsfläche für Kritik.

Politische Prozesse: nicht auf der Höhe der Zeit

So wie parlamentarische Verfahren derzeit gestaltet sind, sind auch diese oft mehr Teil des Problems als Teil der Lösung. Die Ausschüsse des Nationalrats bieten nicht einmal die Möglichkeit zuzuhören, da sie nicht öffentlich sind. Die Möglichkeiten, selbst gehört zu werden, sind ebenso rar. Auch der Petitionsausschuss des Nationalrats schaffte es zuletzt, die Beziehungsebene zwischen Bürgern und ihren Mandataren eher zu verschlechtern als zu verbessern.

So wurde die Initiative „Stopp der Vorratsdatenspeicherung" in einer parlamentarischen Bürgerinitiative von über 100.000 Österreichern unterstützt. Nach monatelangem Engagement wurde ihr Anliegen vom Petitionsausschuss des Parlaments als Tagesordnungspunkt 39 von 39 Tagesordnungspunkten gelistet. „Fünf Minuten für Bürgeranliegen", titelte die „Kurier"-Futurezone, als man sich die vorgesehene Beratungszeit für das Thema durchdividierte. Gehört wurde die Initiative dort nicht. Erst im Justiz-Ausschuss – über ein Jahr nach Einreichung –

durfte man auf Einladung dann eine knappe halbe Stunde sprechen. Gleichzeitig wurden Vertreter von Ministerien und anderen Institutionen als Widerpart programmiert. Auf die politische Meinungsbildung der anwesenden Abgeordneten hatte das aber ohnehin null Einfluss: Die Stellungnahme des Ausschusses war bereits vorbereitet und wurde noch am Ende derselben Sitzung beschlossen, ohne auch nur mit einem Wort auf die vorgebrachten Fragen und Argumente einzugehen. Im Plenum des Nationalrats wurde sie wortgleich abgenickt.

Mitsprache als reine Show – die Wertschätzung, die dabei vermittelt wurde, fördert nicht gerade die Bereitschaft der Bürger, sich selbst zu engagieren. Auf jeder Ausstellungseröffnung kann man bei einem Glas Wein mehr qualitative Sprechzeit mit einem Abgeordneten bekommen.

Auch den parlamentarischen Enquete-Kommissionen wohnt das Problem der mangelnden Möglichkeit zur Teilnahme bzw. der mangelnden Transparenz inne. So geschehen etwa im Frühjahr 2015 bei der „Enquete zur Stärkung der Demokratie in Österreich". Zwar bemühen sich die Mitarbeiter des Parlaments sichtlich um die verbesserte Kommunikation: Interessierte können vor Ort teilnehmen, die Sitzungen werden im Livestream übertragen, sogar getwittert wird mittlerweile – und Tweets werden von draußen nach drinnen in den Saal übertragen. Alles im Sinne der Transparenz und Partizipation. Sogar Papiere kann man zum jeweiligen Themengebiet einreichen. Einzig: Was damit passiert, ist unklar. Die Einbindung ist nach Abgabe nicht mehr gegeben und die Motivation damit enden wollend. Was nach außen sichtbar wird, sind die Redner, die dort neben Abgeordneten und ausgelosten Bürgern sprechen dürfen. Jedoch: Man kann sich gar nicht darum bewerben, dort sprechen zu dürfen. Es gibt keinen die Chancengleichheit garantierenden Wettbewerb der Ideen, bei dem die besten Köpfe bestimmt werden. Im Gegenteil, wer bei der Enquete zum Thema direkte Demokratie sprechen darf, wird von den Parlamentsparteien ausgesucht – und damit ist auch gleich die Agenda des dort Gesagten festgelegt. So wird der mögliche Teilnehmerkreis auf jene eingeschränkt, die den Abgeordneten überhaupt bekannt sind und wohl nichts allzu Unangenehmes zu sagen haben. Für die gesellschaftliche Akzeptanz und ein optimales Ergebnis ist das nicht der bestmögliche Weg.

Ein Modell für die Beteiligung der Öffentlichkeit

Was fehlt, ist ein Ort, wo alle die gleiche Chance haben, an der Diskussion teilzunehmen, um dort Antworten auf ihre Fragen zu erhalten und die beste Lösungsvariante mit den Entscheidern direkt zu diskutieren. Ein echtes Forum, das gleichzeitig gewährleistet, dass alle ihr Thema vorab – eventuell online – einbringen können, und das diese Partizipation so aufarbeitet, dass die Diskussion strukturiert und die Menge der Diskutanten administrierbar bleibt.

Der Ort an sich ist dabei keine Frage des Raumes, sondern der Institutionalisierung. Und damit eine Frage der Regeln: Wie kann man Bürger auch ohne Petitionsausschüsse und Enquete-Kommissionen einbeziehen und damit ihre Beteiligung an politischen Prozessen fördern?

Ein Modell der Öffentlichkeitsbeteiligung wäre da durchaus zielführend. Politik und Verwaltung müssten sich dabei an folgenden Grundsätzen orientieren:

1. *Öffentlichkeit bei der Entwicklung von Politik einbeziehen:* Dadurch können gemeinsam getragene Lösungen entstehen, die reibungsloser umsetzbar sind.

2. *Transparenz und Nachvollziehbarkeit gewährleisten:* Die Einbeziehung der Öffentlichkeit schafft Vertrauen in Politik und Verwaltung.

3. *Gemeinsame Verantwortung für das Ergebnis tragen:* Dadurch können Qualität und Identifikation erhöht und kann späterer Kritik vorgebeugt werden.

4. *Gestaltungsspielraum vorab kommunizieren:* Damit können die Beteiligten ihre Einflussmöglichkeiten realistisch einschätzen und entscheiden, ob sie teilnehmen.

5. *Ausgewogenheit und Chancengleichheit wahren:* Die beteiligten Gruppen haben innerhalb des Gestaltungsspielraums gleichwertige Einflussmöglichkeiten.

6. *Gegenseitiger Respekt:* Das fördert die Zusammenarbeit aller Beteiligten.

7. *Fairness walten lassen:* Die Anliegen der Beteiligten werden ernst genommen. Argument und Gegenargument werden fair behandelt. Das ist die Basis für gute Zusammenarbeit.

8. *Für Information sorgen:* Der Informationsfluss und der Zugang zu Informationen ist für alle Interessierten unter Berücksichtigung der rechtlichen Grundlagen und Möglichkeiten sicherzustellen.

9. *Auf Verständlichkeit achten:* Inhalte werden klar und verständlich kommuniziert und zugänglich gemacht. Das erleichtert das gegenseitige Verständnis und vermeidet Schwierigkeiten.

10. *Öffentlichkeit früh einbinden:* Vor der Entscheidung sollte ausreichend Zeit für Information und Kooperation bestehen, damit die Beteiligten effektive Einflussmöglichkeiten bekommen.

11. *Transparente Organisation:* Verantwortlichkeiten und Ansprechpartner werden klar festgelegt. Das schafft für alle Klarheit und fördert effizientes Arbeiten.

12. *Berücksichtigung bei Entscheidung, Begründung der Entscheidung:* Die Entscheidungsträger berücksichtigen die Ergebnisse bei der Entscheidung und sollten diese Ergebnisse so weit wie möglich in die Entscheidung einfließen

lassen. Bei der Kommunikation der Entscheidung sollte darauf Bezug genommen werden. Damit können Politik und Verwaltung ihre Wertschätzung für die Beiträge der Beteiligten ausdrücken und Vertrauen schaffen.

13. *Rechtlicher Rahmen:* Wo Spielraum zur Öffentlichkeitsbeteiligung besteht, sollte er auch genutzt werden.

Es ginge. Wenn man nur wollte.

Das genannte Modell ist keinesfalls neu und schon gar nicht geistige Schöpfung des Autors. Vielmehr handelt es sich dabei um die österreichischen „Standards der Öffentlichkeitsbeteiligung", wie sie auf der Webseite des österreichischen Bundeskanzleramts abrufbar sind. Beschlossen wurden sie vom Ministerrat. Und das bereits vor sieben Jahren, im Jahr 2008. Dass sie zum Einsatz kommen sollen, steht groß drinnen. Nur wann und wo, hat man wohl vergessen festzulegen …

„Ein Transparenzgesetz durch einen intransparenten Gesetzgebungsprozess abzuwickeln, das wird nicht gehen." Es scheint damit fast so, als wäre der Zweite Nationalratspräsident Karlheinz Kopf doch falsch gelegen. Er mag lediglich gemeint haben, dass es falsch wäre, diesen Prozess so abzuwickeln – und diesbezüglich hat er sicher nicht Unrecht. Aber es geht. In Österreich. Leider.

Warum die „Standards der Öffentlichkeitsbeteiligung" im Falle der Diskussion über die Änderung der Rechte von acht Millionen Österreichern vom Bundeskanzleramt nicht angewandt wurden, ist mehr als unverständlich. Die Öffentlichkeit an jener Verfassungsänderung zu beteiligen, die die Rechte der Öffentlichkeit in Bezug auf die Öffentlichkeit neu regelt, hätte eigentlich gar nicht so schlecht gepasst.

Möglich wäre es also. Man müsste nur wollen.

Die Autoren

Mag. Josef Barth ist Gründer der Kampagne Transparenzgesetz.at, unterrichtet an der Universität Wien und ist Geschäftsführer der Strategie- und Kommunikationsagentur Pick & Barth Digital Strategies. Er studierte Kommunikation, Politik und Recht und war anschließend mehrere Jahre Journalist beim „profil". Für sein Engagement wurden er und das von ihm gegründete Forum Informationsfreiheit (FOI) mit dem Concordia-Preis für Pressefreiheit, dem Staatspreis-Sonderpreis für Public Relations und dem Demokratiepreis des Österreichischen Parlaments ausgezeichnet.

Dr. Irmgard Griss ist Honorarprofessorin für Zivil- und Handelsrecht der Universität Graz sowie Mitglied und Sprecherin des Senats des European Law Institute. Sie ist Ersatzmitglied des Verfassungsgerichtshofs und leitet die Schlichtungsstelle für Verbrauchergeschäfte. Irmgard Griss studierte von 1966 bis 1970 Rechtswissenschaften an der Universität Graz und 1974/1975 an der Harvard Law School. Von 1971 bis 1975 war sie Universitätsassistentin in Graz; im Anschluss daran Rechtsanwaltsanwärterin in Wien. Von 1979 bis Ende 2011 war sie Richterin.

Dr. Thomas Hofer, M.A., ist Politikberater und geschäftsführender Gesellschafter von H&P Public Affairs in Wien (www.hppa.at). Er studierte als Fulbright-Stipendiat Wahlkampfmanagement und Public Affairs an der Graduate School of Political Management in Washington, D.C., und Kommunikationswissenschaft und Anglistik an der Uni Wien. Langjähriger Innenpolitik-Redakteur des „profil". Unterrichtet Kampagnenmanagement an der Uni Wien und dem Studiengang Journalismus an der FH Wien. Zahlreiche Buchveröffentlichungen zum Thema Wahlkampfmanagement, u.a. „Die Tricks der Politiker", „Wahl 2013" und „Spin Doktoren in Österreich".

Rudolf Hundstorfer ist seit 2008 Bundesminister für Soziales und Konsumentenschutz der Republik Österreich, seit 2009 auch Minister für Arbeit. 2003 wurde er Vize-Präsident des ÖGB, 2006 folgte er als geschäftsführender Präsident des ÖGB Fritz Verzetnitsch nach und 2007 wurde Hundstorfer Präsident des ÖGB. Seine gewerkschaftliche Tätigkeit begann er als Jugendvertrauensperson beim Magistrat der Stadt Wien. 1975 wurde er Jugendreferent in der Gewerkschaft der Gemeindebediensteten (GdG) und nach anderen Funktionen schließlich 2001 geschäftsführender Vorsitzender der GdG. 2003 bis 2006 war er zudem Vorsitzender der Fraktion Sozialdemokratischer GewerkschafterInnen (FSG). Hundstorfer war von 1990 bis 2007 Mitglied des Wiener Landtages und Gemeinderates und von 1995 bis 2007 erster Vorsitzender des Wiener Gemeinderates.

Sebastian Kurz ist seit Dezember 2013 Bundesminister für Europa, Integration und Äußeres. Politisch begann er sich im Jahr 2003 in der Jungen ÖVP zu engagieren und nach seinem Grundwehrdienst beim Österreichischen Bundesheer zu arbeiten. Daneben begann er sein Studium der Rechtswissenschaften in Wien. Nach einigen Jahren Engagement auf Bezirksebene wurde er im Jahr 2007 zum Landesobmann der Jungen ÖVP Wien und ein Jahr später zum Bundesobmann der Jungen ÖVP gewählt. Bis April 2011 war er als Abgeordneter zum Wiener Landtag und Gemeinderat, danach bis Dezember 2013 als Staatsekretär für Integration tätig.

Dr. Reinhold Mitterlehner ist Vizekanzler der Republik Österreich und gehört der österreichischen Bundesregierung seit

2008 an. Er ist Wissenschafts-, Forschungs- und Wirtschafts-minister und seit 2014 Bundesparteiobmann der ÖVP. Reinhold Mitterlehner studierte Rechtswissenschaften an der Johannes Kepler Universität Linz und absolvierte einen Post-Graduate-Lehrgang für Verbandsmanagement in Freiburg. Von 1980 bis 1992 war er in der Wirtschaftskammer Oberösterreich unter anderem für Marketing zuständig. Danach fungierte er bis 2000 als Geschäftsführer des Österreichischen Wirtschafts-bundes und bis 2008 als Generalsekretär-Stellvertreter der Wirtschaftskammer Österreich. Mitterlehner war von 2000 bis 2008 auch Abgeordneter zum Österreichischen Nationalrat und dort über viele Jahre Obmann des parlamentarischen Wirt-schaftsausschusses.

Dr. Josef Moser ist seit 2004 Präsident des Rechnungshofes. Er trat nach Abschluss seines Jus-Studiums im Jahr 1981 in den Dienst der Finanzlandesdirektion für Kärnten ein. Von 1992 bis 2003 war er Klubdirektor im FPÖ-Parlamentsklub. 2003 wur-de er Vorstandsdirektor der Eisenbahn-Hochleistungsstrecken AG, 2004 Vorstandsmitglied der ÖBB-Holding AG. Mit Über-nahme des Rechnungshofes wurde er auch Generalsekretär der INTOSAI, des internationalen Dachverbands der Obersten Rechnungskontrollbehörden.

Dr. Erwin Pröll ist Landeshauptmann von Niederösterreich und Parteiobmann der Volkspartei Niederösterreich. Seine politische Karriere startete im Jahr 1972 im Bauernbund, wo er wirtschaftlicher Referent war. Mit nur 33 Jahren wurde er Mitglied der NÖ-Landesregierung, im Jahr 1981 Landeshaupt-mann-Stellvertreter, 1992 schließlich Landeshauptmann und Nachfolger von Siegfried Ludwig. In seiner Amtszeit erfolgt die Übersiedlung der Landesregierung und des Landtags von Wien nach St. Pölten ebenso wie der Einzug der Volkspartei

Niederösterreich im h@us2.1, wo erstmals alle Teilorganisationen unter einem Dach vereint sind. Bei der letzten Landtagswahl erhielt Pröll selbst 267.842 Vorzugsstimmen.

Dr. Susanne Riess ist seit 2004 Vorstandsvorsitzende der Bausparkasse Wüstenrot und Mitglied der Aufsichtsräte diverser Unternehmen der Wüstenrot-Gruppe sowie der Schweizer IHAG-Bank und des Verbunds und Vorstandsmitglied des Bankenverbands. Riess ist Juristin und war als Politikerin Mitglied des Bundesrates, Europarates, Europaparlaments, Nationalrates und von 2000 bis 2003 Vizekanzlerin und Ministerin für Öffentliche Leistung und Sport.

Mag. MBA Marie Ringler leitet als Europe Co-Director das europäische Team von Ashoka. 2011 gründete sie die Organisation in Österreich und war seither Ashokas Geschäftsführerin in Österreich und Direktorin für die Region Zentral- und Osteuropa. Ashoka unterstützt seit 1980 weltweit mehr als 3000 Social Entrepreneurs. Ringler studierte Soziologie und Politikwissenschaften an der Universität Wien und hält einen MBA der Hochschule St. Gallen, Schweiz, und ESADE Business School, Spanien. Von 1998 bis 2000 war Ringler Geschäftsführerin von Public Netbase. Im Jahr 2001 wurde Ringler die damals jüngste Landtagsabgeordnete in Wien. Bis 2010 war sie als Landtagsabgeordnete und Gemeinderätin der Grünen in Wien Kultur- und Innnovationssprecherin. In dieser Funktion erarbeitete sie u.a. das Grüne bundespolitische Innovationsprogramm und engagierte sich für mehr Dialog zwischen Politik und BürgerInnen.

Dr. Anneliese Rohrer ist seit 2009 Kolumnistin bei der Wiener Tageszeitung „Die Presse". Sie studierte Geschichte in Wien, wurde 1974 Mitglied des Ressorts Innenpolitik der „Presse" und übernahm 1987 die Leitung bis 2001. In diesem Jahr erfolg-

te der Wechsel von der Innen- in die Außenpolitik der „Presse".
Das außenpolitische Ressort leitete sie bis 2005. Danach nahm
sie einerseits ihre Tätigkeit als Kolumnistin bei der Wiener
Tageszeitung „Kurier" und andererseits als Bereichsleiterin
an der FH Wien (Studiengang Journalismus) auf. 2003 erhielt
sie den Kurt-Vorhofer-Preis. Bücher: „Charakterfehler – Die
Österreicher und ihre Politiker" (2005), „Das Ende des Gehor-
sams" (2011).

Hermann Schützenhöfer ist Obmann der Steirischen Volkspartei und seit Juni 2015 Landeshauptmann der Steiermark.
Nach der Wahlniederlage 2005 brachte er seine Partei wieder
auf Kurs und leitete zusammen mit Landeshauptmann Franz
Voves (SPÖ) nach der Landtagswahlwahl 2010 die Wende
hin zur „Reformpartnerschaft" ein. Trotz des knappen Haltens
von Platz 1 bei der Landtagswahl 2015 überließ Voves danach
seinem langjährigen Partner den Chefsessel. Schützenhöfer er-
lernte den Beruf des Kaufmanns, war später Landesobmann
der Jungen ÖVP und des ÖVP-Arbeitnehmerbundes ÖAAB.
1981 zog er als Abgeordneter in den Landtag ein, Mitte der
90er-Jahre wurde er Klubobmann. Nach dem Wahlerfolg 2000
folgte der Aufstieg zum Landesrat, seit 2006 ist er auch Lan-
desparteiobmann der Steirischen Volkspartei.

Alois Stöger, Diplômé, ist seit September 2014 Bundesminister
für Verkehr, Innovation und Technologie. Er absolvierte eine Leh-
re als Maschinenschlosser bei der Voest und war bereits während
dieser Zeit gewerkschaftlich aktiv – als Jugendvertrauensrat und
Vorsitzender der oberösterreichischen Gewerkschaftsjugend.
Neben seiner späteren Tätigkeit als Gewerkschaftssekretär (ab
1986) absolvierte er eine Reihe von Fortbildungen im sozial-
wissenschaftlichen Bereich, 2000 schloss er das Studium der
sozialen Praxis an der Marc-Bloch-Universität ab. Von 2005 bis

2008 war Stöger Obmann der OÖ Gebietskrankenkasse. Von 2008 bis 2014 war er als Gesundheitsminister der Republik tätig.

Dr. Matthias Strolz ist Mit-Initiator und Vorsitzender von „NEOS – Das Neue Österreich". Er war Spitzenkandidat der Wahlplattform „NEOS – Das Neue Österreich und Liberales Forum" für die Nationalratswahlen 2013 und ist seit dem Einzug in den Nationalrat Klubobmann. Strolz studierte Internationale Wirtschaftswissenschaften, Politikwissenschaften und Organisationsentwicklung in Innsbruck, Dublin, Wien und Klagenfurt. Er arbeitete als Organisationsentwickler und Change Berater in Wirtschaft, Politik und im Öffentlichen Sektor und leitete von 2001 bis 2012 ein von ihm mitgegründetes Unternehmen im Bereich der Systemischen Organisationsberatung.

Dr. Franz Vranitzky war von 1986 bis 1997 Bundeskanzler der Republik Österreich. Er studierte an der damaligen Hochschule für Welthandel, Promotion 1969 zum Doktor der Handelswissenschaften. 1961 Wechsel in die Nationalbank. 1970 wirtschafts- und finanzpolitischer Berater der Regierung Kreisky, 1976 Wechsel zur Creditanstalt-Bankverein als stellvertretender Generaldirektor, von 1981 bis 1984 Generaldirektor und Vorstandsvorsitzender der Länderbank. Von 1984 bis 1986 Bundesminister für Finanzen. 1986 löste Franz Vranitzky Fred Sinowatz als Bundeskanzler ab, nach Neuwahlen im Herbst 1986 wurde im Jänner 1987 eine große Koalition mit der ÖVP unter der Leitung Vranitzkys gebildet, von 1987 bis 1997 Bundeskanzler der SPÖ-ÖVP-Koalition, von 1988 bis 1997 Bundesparteivorsitzender der SPÖ, 1997 OSZE-Sonderbeauftragter für Albanien. Von 1997 bis 2004 Konsulent der Westdeutschen Landesbank. Franz Vranitzky ist Ehrenpräsident des Bruno Kreisky Forums für internationalen Dialog.

Mag. Stefan Wallner ist seit 2009 Bundesgeschäftsführer der Grünen. Studium der Politikwissenschaft und Geschichte in Wien, Ausbildungen zum Kommunikationstrainer, systemischen Organisationsentwickler, NPO-Controller und Mediator. Ab 1998 war der Sozialexperte, der zuvor Studien zum Thema Armut in Österreich veröffentlicht hatte, für die Caritas tätig, von 1999 bis 2009 als Generalsekretär der Caritas Österreich. Mit einer Serie von zwölf Wahlerfolgen in den letzten drei Jahren und mittlerweile sechs Regierungsbeteiligungen in den Bundesländern sind die österreichischen Grünen aktuell die erfolgreichste Grünpartei Europas.

www.kremayr-scheriau.at

ISBN 978-3-218-00994-2
Schutzumschlaggestaltung: Sophie Gudenus, Wien
unter Verwendung eines Fotos von kantver/fotolia.com
Typografische Gestaltung und Satz: Birgit Mayer, Extraplan, Wien
Druck und Bindung: Druckerei Theiss GmbH, St. Stefan i. Lavanttal